獻給厭□
暖心指□者

正向塔羅
入門釋義

Tarot card

杏花栗子

你想更靠近感受塔羅牌嗎？

你對塔羅牌的印象是什麼？

很恐怖？感覺很難？搞不懂意思？還是很神祕？

每個人的想法都不一樣，肯定不會有正確答案。

因為，你選擇的答案就是一切的解答。

塔羅牌的道理也一樣，雖然每張牌都有原始牌義，

但該如何解釋或接收，都取決於你的感受，

而這就是正確答案。

塔羅牌不是恐怖詭異的事物，

也無法真正地預言未來。

我認為塔羅牌是一種工具，

讓我們每一天都能活得更像自己。

讀完這本書之後，

你一定會得到全新的答案。

到時候請務必跟我分享。

讓我們一起享受全新的塔羅世界吧！

杏花栗子

Contents

Part 1 塔羅牌義解釋

大阿爾克納是具有重要涵義的22張牌 ┈┈┈ 20
牌義解說的閱讀方式 ┈┈┈ 21

小阿爾克納共有56張牌，以4種花色體現人生故事 ┈┈┈ 44
牌義解說的閱讀方式 ┈┈┈ 45

Part 2　初學塔羅的樂趣

Part 3 實際案例解析

Part 4 用神諭卡激發靈感！

本書的使用方法

透過靈感分析未來
神祕的牌卡占卜

本書內容涵蓋塔羅的基本牌義及解牌示範，初次接觸塔羅牌的新手也能輕鬆開始占卜。依序閱讀本書，就能自然而然地深入學習、享受塔羅樂趣！

Point 1
以淺顯易懂的方式
說明塔羅的基本玩法

本書收錄了塔羅的基本牌義、牌陣擺法、問題範例等，初次嘗試塔羅占卜者讀完就能馬上開始練習。此外，還有內容豐富的新手Q＆A，立刻為你解決所有的疑難雜症。

Point 2
杏花栗子的
溫馨解讀

本書不僅收錄了基本牌義，每張牌還搭配作者的解讀關鍵詞。關鍵詞不會太嚴厲，用詞溫和，新手也能放心學習。根據你的煩惱或課題找出對應的詞語，幫助你緩解心中的不安。

Point 3
透過實際案例解析
來激發靈感

在Part 2的問題示範和Part 3的實際案例中，作者會提供實際諮詢時的解讀例子。請參考人氣占卜師的靈感，以積極樂觀的態度進行占卜吧！

Point 4
對神諭卡有興趣嗎？
本書也有解說！

除了塔羅牌之外，本書還收錄了神諭卡的相關介紹。讀完就能馬上瞭解神諭卡是什麼、該如何占卜？建議跟塔羅牌一起搭配學習喔！

關於本書的塔羅牌

偉特塔羅牌

市面上有很多種塔羅牌，本書所使用的牌面是最普及的偉特塔羅牌。偉特塔羅是各式塔羅牌的基礎概念，可以幫助你解讀現有的牌卡。

牌卡順序
以偉特塔羅為準

有些塔羅牌的大阿爾克納順序不同，VIII是「正義」，XI則是「力量」。本書會以偉特塔羅的順序為準，請確認看看你的塔羅牌數字是否一致。

正逆位需分開解釋

有些占卜者會採取無視塔羅牌正逆位的解析方式，但本書會分開解釋塔羅牌的正位和逆位牌面。兩種方向所隱含的牌義不同，請多加留意。

杏花栗子的
解牌示範！

本書由杏花栗子監修，為介紹塔羅基本重點知識的入門書。書中不僅會提供占卜範例，還附上杏花栗子的獨門解析。每位占卜者對塔羅牌的感受都不同，請保持積極正向的心情，好好熟悉塔羅牌吧！

塔羅占卜的基礎知識

塔羅牌到底是什麼呢？本章整理出開始學習塔羅前應具備的基礎知識，讓我們一起熟悉塔羅牌吧！

透過靈感解析未來
神祕的牌卡占卜

不少人會覺得塔羅占卜很難，但其實並不難喔！只要對塔羅有興趣，任何人都能隨時開始占卜。不論是知名占卜師，還是今天才第一次接觸塔羅的初學者，牌卡都會一視同仁、為我們指點迷津。

塔羅牌面中的圖案具有各自的意義和訊息。占卜者翻開的牌中，就隱含著發問者內心深處的真實心意，以及近未來的發展等意涵。

塔羅的指引或建議取決於占卜者如何解讀，同一張牌的意義會根據占卜者的靈感或發問者的狀況而有所不同。雖然牌卡有一定的基本涵義，但你可以從中自由發想並找出解方，或是仔細觀察未來的情況。

總而言之，首先就從熟悉牌卡開始學習吧！

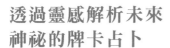

塔羅牌可以占卜哪些事？

只要提出具體問題，任何事都能占卜

塔羅牌可以占卜任何疑難雜症，舉凡戀愛煩惱、工作發展、朋友或家人間的人際關係、健康問題等。

不過，有些事情不可以占卜。**攸關生死、犯罪或罪犯相關問題，賭博、股票、投資等金錢議題，或是詢問遺失物等，都是禁止事項**。此外，塔羅占卜基本上都是顯示未來3～4個月的事，請務必留意這點。

塔羅牌總共有78張，包含22張的大阿爾克納牌，以及56張的小阿爾克納牌。78張齊全的狀態稱為「整副牌」。

22張大阿爾克納的牌面中畫著神祕的圖案，具有抽象意涵。其牌面會指引大方向，例如：我該如何過生活？我該如何度過現在的難關？

小阿爾克納共有40張代表1～10的數字牌，以及16張畫著人物的宮廷牌。其特徵在於圖案與日常生活息息相關，揭示小事件。

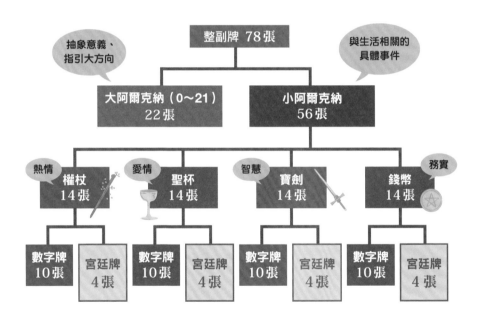

占卜的時候…

進行塔羅占卜時，我們往往會把注意力放在牌卡的運用和釋義上，但其實發問者的情緒狀態才是關鍵。在身心俱疲、精神耗弱的狀態下向塔羅提問，心情可能會更低落。所以我們必須先釐清自己的煩惱是什麼，並且整理好情緒，在內心平靜的日子進行占卜，才能得到真正想要的答案。

解讀方法有很多種

塔羅牌的歷史悠久，自15世紀左右在歐洲便廣受喜愛。其牌義解釋、表現和牌陣形式（牌卡的展開方式）沒有絕對的定義，也沒有固定的解釋或占卜方法。本書會介紹適合初學者的基本牌陣，以及作者的解牌示範。各位可以延伸自己的觀點，自由創造專屬的占卜方法。一起發想出自己喜歡的解讀方式吧！

牌陣介紹詳見Chapter 2（P79～）➡

為什麼塔羅占卜很準？

塔羅牌被認為是一種很準的占卜工具。目前有很多種理論解釋，有人認為塔羅是接收來自宇宙的訊息，或是存在於高維度，也有人認為這涉及了無意識及潛意識的領域。無論如何，塔羅確實是相當不可思議的事物。

這些靈性層面的問題並沒有正確答案。正因塔羅如此神奇有趣，即使不明白箇中緣由也能神準分析，才會讓人想繼續占卜。你可以憑著這種感覺來接觸塔羅牌。正如前面提到的，塔羅牌的魅力在於使用方法自由、任何人都能占卜，不瞭解靈性領域或沒什麼靈感的人都能使用。首先請多多觸碰塔羅牌，好好面對自己的感受吧！

該如何理解塔羅牌給予的建議？

塔羅的訊息解釋中包含著這樣的意義：如果維持現狀，就會發展出牌面上的結果。不需要過度在意塔羅牌給予的建議，如果覺得有參考價值，就試著照做或是自我反省，將占卜結果看作是一個改變想法或行動的契機即可。即使不照著建議行事，也絕不會招來不幸。

人往往會很在意占卜結果「準不準」，但其實**自己想怎麼做才是最重要的。**

得到塔羅牌的建議或占卜結果後，最重要的是你想怎麼做。所有行動的決定權都掌握在占卜當事者的手中，該如何接收塔羅的訊息、如何採取行動，是每一個人的自由。如果當下不明白牌面意義，也可以暫時無視。

我們可以更親近塔羅的訊息，依照個人喜好進行解讀。這種感覺就好比家人提醒你出門時不要跌倒，當你在走路的時候就會更加小心。

塔羅起源於何時何地？

塔羅自約 500 年前的歐洲就已盛行

塔羅的起源尚不明確，最早紀錄可追溯至 15 世紀義大利北部的牌卡。後來，外觀樸素的「馬賽塔羅牌」在歐洲大受歡迎。本書使用的「偉特塔羅牌」是由 19 世紀黃金黎明魔法協會的神祕主義者亞瑟‧愛德華‧偉特所創作，如今已成為世上最基本且普及的塔羅牌。

17～18 世紀普及的馬賽塔羅牌。

塔羅牌入門

只要準備好一副塔羅牌，就可以開始塔羅占卜囉！
以下為你介紹占卜的方法。

先與牌卡交流

開始塔羅占卜之前，請先準備一副塔羅牌。大型書店和網路上都能輕鬆買到塔羅牌。為了和牌卡進行一對一的深度交流，彼此交換訊息，建議準備自己專屬的牌卡。

除了本書展示的基本版「偉特塔羅」之外，你也可以選擇其他喜歡的尺寸或圖案。

拿到塔羅牌之後，請依照順序排列並摸一摸卡片，仔細觀察每一張牌，與它們深度交流。希望這些牌都能成為你的好朋友。

●占卜環境

想要轉換心情的話，敲奏碰鈴也是好方法。

在乾淨的桌子上鋪一塊專用布，或是在占卜前清理環境都是很好的方法。你可以自由決定，只要占卜者本人沒有壓力即可，沒有一定的做法。

我（杏花栗子）平時會在普通的桌子上擺放喜歡的玩偶並進行抽牌。此外，為了在解牌前轉換心情，我每次占卜時都會敲奏碰鈴。重點在於營造輕鬆的空間，這樣才能心平氣和地占卜。

塔羅牌有點類似撲克牌，最大差別在於有分上下方向。從占卜者的角度來看，圖案方向正確的牌是「正位」，圖案上下倒立的牌則是「逆位」。「正位」和「逆位」具有不同的意義，解牌時必須先確認牌卡的正逆位。

出現正位時，可以直接解讀牌卡的象徵意義；出現逆位時，則可以解讀為與正位相反的意義、比正位弱的狀態，或需改善正位的特質。

正位　　　逆位

以自己的方式來解析畫面

用自己的話來解釋

占卜者每天持續練習塔羅占卜就會愈來愈熟練。但也有人無法持續下去，內心感到很挫折。很多人似乎記不住牌義，或是搞不懂正逆位的解讀差異，那就試著改變想法吧。

雖然每一張牌都有基本的意義，但要如何解釋、如何延伸想像或如何表現，都是每一個人的自由。塔羅占卜的本質並不是要占卜者熟背書中內容，而是要仔細觀察牌面，把你的感受轉換成自己的話語並加以詮釋。請用自己的方式來解釋正位的意義，並且花更多時間持續思考逆位的意義及改善方式。

15

塔羅入門 Q&A

杏花栗子
為塔羅初學者解答疑惑。

Q 我沒有靈異體質，也不知道什麼是第六感，
這樣也能學塔羅占卜嗎？

A 塔羅占卜是很自由的工具，任何人都能使用。靈異體質或第六感並非必要條件，任何人都能夠輕鬆嘗試，小朋友也可以學喔。請不要想太多，憑感覺抽牌就行了。如果覺得靠靈感很困難的話，就依照你的直覺或感覺來抽牌吧。塔羅牌的確具有一股神祕奇妙的力量，但任何人都可以占卜。

Q 抽到「死神」、「惡魔」、「吊人」之類的恐怖牌，
總覺得會聽到很負面的話……

A 這幾張牌確實會讓人感到恐懼，但只要理解其中的意義，看似可怕的牌就不再令人畏懼。舉例來說，在感情關係的問題中抽到「惡魔」牌時，你可能會解讀成對方只是玩玩而已，或是兩人關係不佳。但其實不是這樣的，這時也可以解釋為你可能過度沉溺於兩人關係，或者建議你嘗試做點別的事。如果你能透過牌卡訊息看出內心真正的想法或想做的事，並且當作一種暗示，就能延伸出不同的意義。

Q 牌面的訊息感覺好沉重，
該怎麼解讀才好呢？

A 占星也是一樣的，即使你在某天的運勢是最後一名，也不表示那天一定會發生壞事。當星座運勢提醒我們注意人際關係時，我們就會留意自己的說話方式，注意言行舉止或反省日常行為，而這就是占卜的好處。塔羅占卜也是同樣的道理。有些人應該會覺得塔羅牌很恐怖神祕，占卜結果很沉重吧？但其實塔羅牌很貼近生活，可以成為你的好夥伴。希望你能透過這樣的觀點來轉換心情。

Q 朋友送了我一副塔羅牌，
我可以直接拿來用嗎？

A 你可以做一些簡單的淨化儀式，讓這副牌成為自己的專屬工具。我有時會把牌放在月光下淨化。推薦你在淨化時點上喜歡的焚香。淨化的方法有很多種，沒有一定的規矩。請試著找出自己喜歡、可接受的方法吧。

Q 杏花栗子為什麼會開始接觸塔羅占卜？

A 我本來就很喜歡閱讀或查詢占星之類的占卜資訊，某一天在街上請占卜師算塔羅牌時，心裡想著自己不會用這種方式解讀……這就是我開始自行占卜的契機。我希望藉由不同的解讀方式來減少跟我有同樣感受的人，並且改變人們覺得占卜很恐怖的印象。我為了傳達理念而創立了YouTube頻道，希望大家都能以自己的步調度過每一天。

\ 教教我！杏花栗子！/

可愛的塔羅牌

保留古典牌義，同時提升可愛度！
杏花栗子推薦牌組在這裡！

※聯絡資訊在書末版權頁。

BLISSFUL DOLPHIN TAROT
幸福海豚塔羅牌

以帶來好運的海豚為象徵主題。進行占卜的同時，一定會被可愛的圖案療癒！／Ⓐ

DREAMING CAT TAROT DECK
夢幻貓咪塔羅牌

採用柔和色彩的可愛貓咪塔羅牌。可愛到讓人會心一笑，光是拿在手上就能帶來好心情。／Ⓐ

IDEAL SOULMALE TAROT
理想靈魂伴侶塔羅牌

散發著美男能量的夢幻塔羅牌。牌面風格平易近人，占卜的範圍也很廣泛。／Ⓐ

JAPANESE ANIME TAROT
日本動漫塔羅牌

採用日本動畫元素的塔羅牌。藉由精緻漂亮的圖畫，傳遞充滿幸福的訊息。／Ⓐ

Part 1

塔羅牌義解釋

本篇將為你介紹
塔羅牌隱含的基本訊息。

※【解讀範例】為作者杏花栗子提供的關鍵詞。

大阿爾克納
是具有重要涵義的22張牌

22張塔羅基礎牌
協助重大決定

　　塔羅牌總共有78張牌，其中22張是大阿爾克納牌。0號「愚者」到21號「世界」揭示了人生的世界觀。大牌通常被比喻為人的一生，透過「愚者」成長學習，並在「世界」完整圓滿。但牌義有很多種解析方式，並沒有絕對的規範。你可以多多參考不同塔羅師的想法或詮釋，並結合自己的想法來延伸解讀。

　　大阿爾克納牌上畫著許多神奇的元素，例如長翅膀的人、白色的狗、獅身人面像、無限符號等。這些元素和標誌代表人的喜怒哀樂、愛情、自然與社會的法則。神祕奇妙的大阿爾克納牌能針對你的煩惱提供大方向的指引，讓我們一起學習每一張牌的意義吧！

✳ 先熟悉大阿爾克納

　　78張塔羅牌齊全的狀態稱為「整副牌」。由於張數很多，初學者可能會不知道怎麼活用，因此建議先熟悉大阿爾克納牌。請帶著純粹的心進入塔羅的世界，自由發揮想像力並享受自己的塔羅牌。小阿爾克納牌可以之後再學。

牌義解說的閱讀方式

❶牌卡的牌面

本書使用最受歡迎的偉特塔羅。22張大阿爾克納牌以英文標示牌卡的名稱和數字。

❷牌卡的名稱與編號

從0「愚者THE FOOL.」到XXI「世界THE WORLD.」，依序標示牌卡的名稱和編號。

❸牌卡的基本意義

講解牌面上的圖案，以及牌卡象徵物的意義。

❹基本 KEY WORD

牌卡的核心關鍵詞。可以透過關鍵詞，延伸出自己想像的畫面。當你感到困惑時，請回頭看看關鍵詞並深入解讀基本牌義。

THE FOOL
0
愚者

年輕人正準備展開冒險旅程，從意氣風發的走路姿勢可以看出他無所畏懼，擁有不受任何事物束縛的自由之心，但他的腳邊有危險的懸崖，白狗似乎在警告他，但他卻不以為意。這張牌表示無限可能性，未來可能發生任何事。

基本KEY WORD　自由、冒險

正位

未來尚未確定
無限的可能性

強調年輕人擁有無限的潛能，雖然不夠成熟也不知道結果會如何，卻具備勇往直前的勇氣與熱情。不要被框架侷限，發揮自己的創意並跨出第一步，未來就有無限的可能。

杏花栗子 解讀範例

新的開始／未知數／創意萌發／放下重擔／出發／挑戰／不拘小節／轉念／不顧旁人／令人興奮的事

逆位

不切實際的
追夢者

因過度謹慎而沒有勇氣前進，此外，也有像年輕人一樣魯莽、不切實際地追夢的意義，當腦中浮現奇怪的點子或想法時，最好三思而後行，不要任由事情發展，請謹慎行事。

杏花栗子 解讀範例

正在內觀／未開發、不成熟／新手遺遇困難／想迎應他人的期待／果權經驗／重新審視自己／開始負起責任／缺乏自信／成長的契機

22

❺正位的意義

介紹牌卡正位（圖片的上下方向正確）時的基本意義。

❻逆位的意義

介紹牌卡逆位（圖片倒立）時的基本意義。

❼杏花栗子 解讀範例

杏花栗子從每張牌中得到的靈感所做的示範解讀，歡迎參考杏花栗子獨門的解析方式。

愚者

年輕人正準備展開冒險旅程。從意氣風發的走路姿勢可以看出他無所畏懼，擁有不受任何事物束縛的自由之心。但他的腳邊有危險的懸崖，白狗似乎在警告他，但他卻不以為意。這張牌表示無限可能性，未來可能發生任何事。

基本KEY WORD　自由、冒險

正 位	逆 位
未來尚未確定 **無限的可能性**	**不切實際的** **追夢者**

未來尚未確定　無限的可能性

強調年輕人擁有無限的潛能。雖然不夠成熟也不知道結果會如何，卻具備勇往直前的勇氣與熱情。不要被框架侷限，發揮自己的創意並跨出第一步，未來就有無限的可能。

不切實際的　追夢者

因過度謹慎而沒有勇氣前進。此外，也有像年輕人一樣魯莽、不切實際地追夢的意義。當腦中浮現奇怪的點子或想法時，最好三思而後行。不要任由事情發展，請謹慎行事。

杏花栗子 解讀範例

新的開始／未知數／創意萌發／放下重擔／出發／挑戰／不拘小節／轉念／不顧旁人／令人興奮的事

杏花栗子 解讀範例

正在內觀／未開發、不成熟／新手遭遇困難／想回應他人的期待／累積經驗／重新審視自己／開始負起責任／缺乏自信／成長的契機

THE MAGICIAN.
I
魔術師

魔術師高舉法杖，前方有一張桌子，桌上擺著小阿爾克納的象徵標誌：權杖、聖杯、寶劍和錢幣。他有能力控制這些事物，並且創造全新的事物。這張牌表示人在創意方面的技術、知識及溝通能力，只要掌握這些能力就能達成目標。

基本KEY WORD　創造

正 位

充滿動力，
有個好的開始

充分發揮魔術師的智慧，具備良好的溝通能力，全新的旅程將會順利發展。此外，擁有明確的目標與堅定的自信，將成為很吸引人的特質。感情方面也暗示將如願進展。

 杏花栗子 解讀範例

高度溝通力／機靈／新的開始／領導力／豐富的創意／積極主動／提升專業技術／萬事俱備／有魅力／戀情有進展

逆 位

缺乏自信和企圖心
不得要領的人

無法施展自己的能力、發揮長處。因不夠瞭解自己的想法而感到徬徨，導致旁人也跟著擔心。注意不要只做表面工夫，或發表空洞的言論。且不要半途而廢，堅持下去很重要。

杏花栗子 解讀範例

迷惘／無法發揮本領／經驗或訓練不足／警戒心很強／需磨練專長／失去信心／找不到解決辦法／消極被動／鑽牛角尖／不信任他人

THE HIGH PRIESTESS.
II

女祭司

象徵知性與靈性的牌。女祭司平靜地端坐不動。黑色與白色柱子象徵陰陽、光影、男女等構成宇宙萬物的二元對立元素，而女祭司擁有平衡兩者的智慧。這張牌暗示，冷靜的判斷力及深刻的洞察力將帶來好結果。

基本 KEY WORD 智慧、神祕性

正 位	逆 位

正位

冷靜的態度
將帶來好結果

直覺敏銳，只要深思熟慮，以理性謹慎的態度處事，就能冷靜判斷情勢並找出解決辦法。不要太積極主動，刻意保守行事並觀察事情發展，中立理智的態度將帶來好結果。

🐰 杏花栗子 解讀範例

品行端正／平衡感／直覺／清晰／高度靈性／男性特質與女性特質／求知慾／神祕性／柏拉圖式愛情／藏於內心的事／真相／冷靜下來

逆位

珍惜自我價值

個性不夠謹慎，可能做出欠缺考慮的決定。容易變得神經質、焦慮不安，內心封閉且固執己見。自尊心過高，又缺乏安全感。如果意識到自己負擔太重，請先做出改變。

🐰 杏花栗子 解讀範例

務必休息／直覺不敏銳／神經質／不坦率／過度鑽牛角尖／嘗試內觀／需要耐心處理／固執己見／負擔太重

THE EMPRESS.
III
女皇

女皇神情平靜地坐在寶座上,她擁有榮華富貴,看起來很滿足。她像母親關愛孩子般,不求回報地愛著世人。她很滿足於現狀,因此採取被動姿態而不積極行動。

基本KEY WORD　**愛、豐盛**

| 正 位 | 逆 位 |

擁有財富與愛情
十分滿足於現狀

正位牌就像母親用愛養育兒一樣,代表豐盛成果、繁榮、安穩和溫柔。因體貼他人而人見人愛,將迎來穩定和諧的未來。此外,也可能暗示著女性的婚姻、懷孕、生育等情況。

別被周遭的
甜言蜜語迷惑

態度被動者容易受周遭影響,內心沒安全感。可能身心疲憊、毫無餘裕、不斷浪費資源、生活懶散……請適可而止。別被旁人的甜言蜜語迷惑,試著把專注力放在自我成長上。

🐰 杏花栗子 解讀範例

穩定／繁榮／結婚／懷孕生子／兩情相悅、命中註定／豐盛／生活寬裕／美學或藝術／可愛或溫柔／綻放女性特質／充實滿足／依循自我步調

🐰 杏花栗子 解讀範例

沒安全感／疲憊而無餘裕／需要磨練自己／佔有慾／容易任性妄為／感覺孤單／小心浪費／適可而止／容易沉迷於享樂／你很不安嗎?

THE EMPEROR.

堅定地付諸行動，達成目標或發揮領導能力。充滿無所畏懼的勇氣，以及突破困境的熱情。然而鬆懈可能導致失敗，需保持警覺。即便擁有勇氣和決心，錯誤的目標、計畫或策略都將動搖皇帝的地位。

基本KEY WORD　**成功、動機**

正 位

以強烈的決心與熱情
達成目標

懷抱著突破困境、達成遠大目標的熱情。擁有不斷努力直到成功的毅力，堅守信念將取得巨大成功。但仍會時時警惕自己，不忘雄心壯志。

 杏花栗子 解讀範例

熱情／意志堅定／掌握戀情主導權／具有威嚴／寬容接納／追求卓越／穩定／有行動力／取得權力或地位／可靠的人／成功

逆 位

避免態度蠻橫

你是否覺得沒有喘息空間，擔心自己造成他人的困擾？逆位暗示著你的堅持將適得其反。不要執著於權威和地位，試著回想身為領導者該做哪些事，結果或許會有所改變。

杏花栗子 解讀範例

沒自信／焦慮不安／重新審視計畫／國王的新衣／鍛鍊耐力／需要幫助／向他人詢問建議／暫時冷靜一下／孩子氣／徒勞無功

THE HIEROPHANT.
V

教皇

　　擁有慈悲心的教皇是維持道德秩序的父親形象。他時而溫和包容並體貼他人，時而施展權威，透過道德和法律限制人的自由。此外，這張牌也表示隱蔽不正當的行為、違規、不道德行為等情況。教皇能夠看透人心。

基本KEY WORD　慈悲、道德

正 位

擁有慈悲心
受人景仰

　　充滿慈悲和服務精神，備受旁人尊敬。具有道德感，遵守社會規範和傳統習俗。有如守護家庭的父親般堅定務實，對仰慕自己的人十分照顧，深受支持者愛戴。這張牌還暗示著凡事將順利發展。

 杏花栗子 解讀範例

誠實／良緣親事／有教養／有常識／敦厚／受人愛戴／可靠／守規矩／可敬的戀人／合群、平等

逆 位

不要迷失自我

　　你是否不想給別人添麻煩，或害怕被人討厭？你深受社會規範束縛，表現頑固。此外，過度照顧他人可能適得其反，導致身心疲憊。也許你需要努力放下執念。

杏花栗子 解讀範例

違規／過度拘泥常規／不誠實／是否不信任他人？／固執／缺乏行動力／請言出必行／不合群／錯誤的信念

VI

THE LOVERS.

THE LOVERS.
VI

戀人

圖中的男性代表顯意識，女性則是潛意識。男人看著女人，但女人卻仰望著天使。女人的後方是在伊甸園引誘夏娃的蛇。唯有透過直覺和靈感才能擁有崇高的心靈，然而這種感情較難以抵抗誘惑。

◇ 基本KEY WORD **愛情、直覺** ◇

正 位	逆 位
在發展順利的關係中 做出無悔的選擇	**優柔寡斷 導致錯誤選擇**
表示雙方相處融洽，交往順利或兩情相悅。當下過度沉溺於快樂，可能因為毫無防備而遭遇危險。直覺感受很重要，可幫助你做出正確的選擇。做決定時請不要受他人影響。	容易受周遭情況的影響，優柔寡斷而無法做選擇。可能想起過去遭受背叛的經驗，內心感到痛苦不安。當你因為感情用事而總是做出模稜兩可的判斷時，請鼓起勇氣停下來。

🐰 杏花栗子 解讀範例

戀愛的好機會／愉悅的戀情／浪漫愛情／配合度高／正確的選擇／兩情相悅、同居、結婚／相處融洽／全心投入轉職／充實的每一天／共同興趣

🐰 杏花栗子 解讀範例

說不出真心話／需要適可而止／互相理解很重要／缺乏專注力／擔心被討厭／請控制感情／嘗試深思熟慮／好好談談吧

THE CHARIOT.
VII
戰車

士兵駕著一輛戰車，身旁有一黑一白的人面獅身獸。黑白兩色代表士兵內心的糾葛，在理想與慾望、精神與本能之間擺盪。但為了達成願望，必須堅持前進。這張牌也代表著衝動行事，警惕人不要像無法預測的戰車般失控。

基本KEY WORD　　前進

正位

全速前進
達成目標

表示對目標一心一意、快速前進的力量與克服困難的勇氣。面對困難並不斷努力，終將達成目標。即使沒有明確目標也無妨，當你找到前進的道路時，就是立即行動的時刻。快速做出判斷並付諸行動，就能取得成功。

杏花栗子 解讀範例

大有進展／炙熱的戀情／與勇敢無畏的人有緣／閃婚／超越競爭對手／對方採取行動／可預期額外收入／外表年輕

逆位

避免自以為是
嚴重失控

可能為了達成目標或願望而失控，舉凡不斷不顧後果地衝動行事，或迅速改變想法。此外，當你提不起勁、失去信心或迷失方向時，請重新審視自己。

杏花栗子 解讀範例

控制感情／避免失控／小心做過頭／需冷靜行事／你是不是很膽小？／可能態度消極／不安時請內觀自省／冷靜下來吧／慢慢來沒關係

力量

牌面上畫著馴服勇猛獅子的女人。這頭獅子象徵人類隱藏的慾望或動物性本能。女人不會否定獅子的存在，而是接納並加以掌控牠。以堅強的心靈克制自我並耐心處事，就能增加更多的可能性。

基本KEY WORD　**精神力**

正 位

以驚人的毅力
達成目標

能夠接納自己本來的樣貌。與其靠蠻力推進，不如靠強大的心靈循序漸進，藉此發揮毅力並達成目標。能夠與自己的本能和慾望和平相處，凡事保持平衡是很重要的事。

🐰 杏花栗子 解讀範例

掌握這段戀情／心靈成長或強大／深刻的戀情／獨一無二的對象／互相協助／獨立自主／接納包容的心／克服困難／任何關係都能發展成功

逆 位

可能失去信心

因為過度自我壓抑、質疑自己或缺乏自信而失去動力。無法堅強面對問題，打算放棄的時候，請重新審視自己。不要過度壓抑情感，回頭看看自己的特質或優點吧。

🐰 杏花栗子 解讀範例

請控制感情／別太配合對方／不被過度打擾／以自己的步調生活／內觀／別太鑽牛角尖／小心浪費／主導權在你的手中

THE HERMIT.
IX

隱者

暗示看穿事物本質、三思而後行的能力。探尋真理的人遠離社會，刻意選擇孤獨的環境，因此獲得精神上的成長，終於頓悟。具備為煩惱的人指點迷津的智慧。但隱者會躲藏在灰色斗篷下，不會提出個人主張。

基本KEY WORD　深思熟慮

正 位	逆 位
再三思考 **心靈成長**	**別怕失敗** **面對自我**

經常思考許多事情，具備深刻理解的知識。追尋隱藏的真裡並不斷鑽研，總有一天將有所醒悟。內心有自我反省的空間，能夠找到內在的平衡點，也有機會成長進步。

你是否遠離社會並作繭自縛，冥頑不靈又想法偏激？別因為經驗不足而害怕失敗，好好面對目前的狀況，花時間深思熟慮吧。試著了解自己的能力範圍，說不定情況會有所改變。

 杏花栗子 解讀範例

認真的對象／好奇心／研究或學問／專情／精神成長／聰明判斷／晚熟／真實的愛／內心的思念／洞察力／研究家／思考／內觀

杏花栗子 解讀範例

說不出真心話／固執／孤單／害怕信任他人／足不出戶／缺乏專注力／想太多／想法悲觀／單獨行動／不要太偏激／過度講究

WHEEL of FORTUNE.

命運之輪

輪轉不歇的命運之輪表示無論身處幸運或不幸的情境，都不會永遠持續下去。時光會流轉，萬物會變化。命運對人類一視同仁，不論是好事還是壞事，兩種經驗都能幫助我們成長。

基本KEY WORD　**變化**

正位

好運到來
機會降臨

即將發生好的變化。好運即將到來，請好好把握機會，別錯失良機。命運隨時都在變化，別讓機會溜走了。事情將持續朝成功的方向發展，並迎來運勢的高峰期。

🐰 杏花栗子 解讀範例

時候到了／絕佳的時機／意外的桃花運／註定相遇／順流而上／出人頭地或升遷／趨勢到來／新手運／東山再起／成功

逆位

感覺不走運
擔心失敗或停滯不前

害怕事情發展成不如預期的艱苦情況。即便看起來是好的變化，你是否還是覺得好景不長，認為自己會失敗或遭遇不幸呢？厄運不會永遠持續下去，建議現在順事而為。

🐰 杏花栗子 解讀範例

再堅持一下／順勢而為／不要太早放棄／等待下次機會／多收集情報／最佳時機將至／學習的時機／小心徒勞無功／別妄下判斷

JUSTICE. XI

正義

這張牌表示事物處於平衡狀態或是公正的判斷，但這不代表事情一定會順利發展或成功。正義不會根據人的情感或道德下判斷，而是根據嚴謹的規則來判斷事情的正當性。

基本 KEY WORD　均衡

正 位

公平公正的好評價

遵循自己的正義做出正確的行為，將獲得公平公正的好評價。人際關係方面，正當關係將維持下去，但非正當關係可能無法長久。不論自己的感情或期望如何，事情都將依照應有的狀態發展。

🐰 杏花栗子 解讀範例

誠實的愛／公平性／合理的對象／和諧的關係／正當的評價／嚴守規矩／真實的愛／遵守約定／正確判斷／遊戲管理者／決斷

逆 位

判斷失誤正是重新評估的時機

你是否做了錯誤的判斷，或是沒辦法做決定？覺得遲遲拿不出成果，受到不公平待遇的時候，正是回頭檢視自己的好機會。老實接受結果並取得良性平衡，情況或許會發生變化。

🐰 杏花栗子 解讀範例

釐清狀況／失衡／不知變通／小心判斷錯誤／曖昧的關係／追求公平／固執／珍視自己的價值觀／注意措辭

THE HANGED MAN.

牌面中一名男人雙手被綁在後方，身體被倒吊在樹上，但不知為何露出笑容。只要耐心接受考驗就能看見光明未來。此外，還能解釋成捨棄私慾並為他人行動，自我犧牲的精神總有一天將帶來成功。

基本KEY WORD　**修行**

正 位	逆 位
考驗的前方是 **光明的未來**	**重新檢視現況**
真誠地聽取他人的建言，不被固有觀念束縛，能夠採納多方建議。具備接納事物的適應能力，能夠全心接受考驗，暗示保持耐心就能開創未來。現在是等待重生的好時機。	你是否以錯誤的方式處理事情，或是搞錯方法了？這也許會消磨你的感情，卻是重新檢視現況的好機會。當你覺得力不從心的時候，更應該換個角度看事情。

 杏花栗子 解讀範例

修行的時機／互相學習的關係／大有斬獲／理解與陪伴／鍛鍊精神／逆境即養分／激勵人心的環境／想出解決辦法／有所領悟

杏花栗子 解讀範例

尋求解決方法／不要耿耿於懷／注意身體健康／拓展視野／審視努力的方向／追求進步／你是否碰到瓶頸？／痛苦的戀情／可能想太多

死神

　　牌面上畫著掌管死亡的死神。但我們不需要悲觀以待，死亡不只是結束，更是全新的開始。這張牌告訴我們應該擺脫過去的思維和生活方式，踏上新的旅程。請離開負面情境，下定決心重新開始吧。

基本 KEY WORD　　**重生**

正 位

改變做法
重新開始

　　過去的做法已不再管用，需要勇敢做出改變。改變信念並重新出發就能開啟全新的人生。如果你無法接受變化也無法做出改變，就試著重新檢視那些讓你停滯不前的慣性模式吧。

╍╍╍╍ 杏花栗子 解讀範例 ╍╍╍╍

脫胎換骨／轉折點／重生時刻／苦難結束／戀愛觀劇變／發生重大變化／得出結論／全新關係／重新出發／脫離低潮

逆 位

別因巨大變化
而感到迷惘

　　面對劇烈的變化或龐大的壓力時，你是否感到心情低落？明明知道不能維持現狀，卻沒有勇氣改變自己，變得鑽牛角尖。當你進退兩難的時候，建議下定決心重新開始。

╍╍╍╍ 杏花栗子 解讀範例 ╍╍╍╍

下不了決心／無法放棄／害怕改變／沒有勇氣／必須徹底改變方向／試著改頭換面吧／大膽嘗試／即將重生／現在正是改變的時候

TEMPERANCE.
XIV

節制

　　牌面畫著一名擁有氣派翅膀的天使，祂拿著兩個聖杯，正在將水倒入杯中。天使絲毫不急躁，節制從容地進行工作。這張牌表示靈活控制自己的情感和慾望，採取適當行動就能創造和諧。

基本KEY WORD　**自制力**

正 位

和諧穩定的狀態

　　保持克制並靈活行事，能夠順利融入周遭環境。此外，能夠清楚區分何時應該或不該堅持主張，因此得以避免衝突。總是以冷靜中庸的態度處理事情。

┈┈┈┈ 🐰 杏花栗子 解讀範例 ┈┈┈┈

平衡的關係／調和／心意相通／感情穩定／身心平衡／中立立場／現實與夢想的平衡／自制力／活用過去的經驗／內在精神堅毅

逆 位

你是否處於情緒化
且偏激的狀態？

　　你是否因為無法克制自己的情感和慾望而做出自私行為，無法與他人和平共處？過度要求自己可能會作繭自縛，內心感到窒息痛苦，請仔細觀察周遭情況。這段時期建議凡事適可而止。

┈┈┈┈ 🐰 杏花栗子 解讀範例 ┈┈┈┈

情緒不穩／可能太偏激／失衡／情緒起伏劇烈／極端的現實主義者／請好好看清現實／過度謹慎／你是否忽略了其他事情？

THE DEVIL.
XV

惡魔

牌面上畫著一對被惡魔用鎖鏈束縛的男女。仔細一看會發現拴住他們的鎖鏈其實很鬆弛，感覺能夠輕易擺脫，但他們卻不打算逃脫。惡魔會支配人的心靈，而不是肉體。這張牌象徵天真的期望、金錢慾、本能、快樂和依賴等人類的慾望。

基本KEY WORD　慾望

XV

THE DEVIL.

正 位

可能被各種
慾望吸引

你是否正為慾望所苦，執著於金錢等事物而動彈不得？覺得自己每天散漫無力、不知該如何進步成長時，不妨休息一下。慾望有時非常誘人、有時又令人恐懼，但只要保持平衡就不會有問題。建議好好內觀自省。

 杏花栗子 解讀範例

沉溺慾望／性關係／依附、俘虜／學習機會／注意身體健康／避免自私自利／深刻記憶／是否有罪惡感？／激烈的感情／中毒／散漫

逆 位

斷絕惡緣
重拾自我

回歸自我，找回純真的心。說不定能夠擺脫慾望，戒除壞習慣。可能離開自己曾經很依賴的事物或環境，找到自己的平衡以控制慾望。

杏花栗子 解讀範例

找到理性和熱情的平衡點／追求健康關係／依附性降低／形成最佳關係／斬斷惡緣／轉換心情／重視自己的內在／成長

高塔

被雷電擊毀的高塔表示突發事件導致情況劇變。這張牌是一種嚴重的警告，暗示人的傲慢可能引起驚人變化。但這種崩潰不一定是負面的，直面問題的原因並改變想法就有機會獲得幸福。

基本KEY WORD　　劇變

正位

突如其來的重大變化
轉變的契機

發生意料之外的事而不得不改變想法，但只要重新調整就能改善困境。克服令人衝擊的經驗，將是使心靈成長的好機會。

| 杏花栗子 解讀範例 |

發生衝擊性事件／價值觀大變／意外的轉折／突發行動／吐露真心話／晴天霹靂／新的開始／痛苦卻寶貴的經驗／視野改變

逆位

改變的前兆
做好萬全準備

可能因突發事件而大受打擊。即使當下陷入困境，無法想出解決辦法，也要慢慢改變想法。事先做好萬全準備就能恢復狀態。建議做好心理準備以面對即將來臨的變化。

| 杏花栗子 解讀範例 |

預兆或徵兆／小心失誤／需要改變態度／不忘感恩／做好事前準備／小心被害妄想／放寬視野／避免執著／請試著內觀

THE STAR.
XVII
星星

XVII

THE STAR.

　　一名拿著水瓶的女人將水倒入湖泊和大地。水是滋養萬物的生命源頭，天上閃耀的星星代表人類的希望和創造力。因此星星牌表示心中充滿希望，可以過著活力充沛的生活，以豐富的感性發揮創造力。

基本KEY WORD　　希望

正 位	逆 位
看見希望 機會降臨	**不必強求 保持真我**
心中湧現希望，眼前一片光明，能看到前進的道路。一直以來培養的能力即將開花結果，能夠充分發揮豐富的創造力和藝術才華。擁抱希望就能實現夢想，過上理想的生活。	現在的你是不是覺得夢想遙不可及且難以實現？當你過著沒有夢想的日子，因期望落空而失望，覺得壓力很大的時候，請不要勉強自己。試著以自己的步調慢慢前進吧。

 杏花栗子 解讀範例

多年的努力將得到回報／願望容易實現／願望成真／坦然放鬆的關係／充滿希望／運勢好轉／忠於自我／充實的人際關係／擺脫痛苦

杏花栗子 解讀範例

悲觀／沒安全感／自尊心很高／固執己見／無法坦率／找不到可能性／對未來感到不安／保持真實自我即可

THE MOON.
XVIII
月亮

夜空中的新月代表變化的心境與不穩定的狀況。漆黑的夜晚使人惴惴不安，而人的內心狀態就如陰晴圓缺的月亮般逐漸變化。在明亮滿月的照耀之下，令人不安的原因將浮現，恐懼也將隨之消散。

基本KEY WORD　**潛意識**

正 位

即使前途不明
也別固執己見

你是否對看不清的事物感到不安？事情可能在未察覺的情況下悄悄發展；你可能發現自己遭人背叛而缺乏安全感。未來模糊不清，但只要冷靜覺察、發揮想像力和直覺來試著看透看不見的事物，就能找到解決辦法。

 杏花栗子 解讀範例

曖昧的關係／複雜的感情關係／不要太鑽牛角尖／對未知感到不安／內觀自省／事情的反面／情況不明／潛意識／精神世界

逆 位

了解不安的原因
情況好轉

原本看不清或被隱瞞的事浮上檯面，因此能夠擺脫不安的情緒，內心也會恢復平靜。如黎明到來一般，煩惱和不安將豁然開朗。你將迎來覺醒的時刻，更深刻地覺察自己。

杏花栗子 解讀範例

重建信任關係／迷惘的心豁然開朗／真相浮現／化解糾纏不情的關係／情緒穩定／情況好轉／心靈寬慰／安穩生活／心平氣和

THE SUN.
XIX
太陽

　　裸身的孩子露出天真無邪的微笑，全然享受當下。頭頂上的太陽以溫暖的光賦予孩子生命力，後方有盛開的向日葵。牌卡整體散發著豐沛的生命力，暗示喜悅、幸福和成功即將來臨。

◈◈◈ 基本KEY WORD　達成、幸福 ◈◈◈

正 位

好運降臨
願望成真

　　擁有純潔的心靈和強大的生命力，將獲得滿意的成果。你期望的事將順利發展，可能遇到婚姻、生育等喜事。運氣是你的好夥伴，周遭的人也會幫助你，你將如願取得成功。

▰▰▰ 🐰 杏花栗子 解讀範例 ▰▰▰

戀情實現／受人祝福的關係／活力充沛／成功／充滿希望的未來／展現能力與才華／純真、率直／展現自我風格／非常喜歡

逆 位

現在很疲憊
請好好休息

　　你是否運氣不好，事情停滯不前，覺得很挫折？你可能會開始想像挫折或失敗的情境，甚至產生不想努力的心情……現在正是休息的好時機，別強迫事情繼續進行，為了扳回一城更應該保留體力。

▰▰▰ 🐰 杏花栗子 解讀範例 ▰▰▰

尚未發揮實力／沒自信／重視自我獨特性／注意身體健康／精力不足／有點疲倦／孩子氣／小心別太任性

審判

天使吹響號角，讓死者復生。死者暗示著壓抑的自我或對過去的執著。這張牌代表覺醒，是脫離長久停滯的預兆，我們將覺察以前不曾思考的事。你的內在將會成長，或是取得可接受的結果。

基本 KEY WORD　　復活

正位

領悟覺醒
向前邁進

一直以來的思想可能發生劇變。現實情況改變，心靈獲得成長並釐清內在情緒，將開闢全新的道路、問題將被解決。過去放棄的事將重新來過，為你帶來期望的結果。

杏花栗子 解讀範例

復活重生／復甦／復合／覺醒／心靈成長／和解／重新修正／得到領悟／新的邂逅／重新感受美好／重新開始

逆位

回顧過去的
好機會

當事情陷入僵局又難以改善時，你是否會覺得狀況停滯不前？這種情況正是重新回顧那些難忘記憶的好機會！自己覺察全新的領悟，化危機為轉機吧。

杏花栗子 解讀範例

無法放下的愛情／長期關係／請試著改變觀點／你是否不抱任何希望？／認為努力沒有回報／無法樂觀以對／渴望進展／調整想法

THE WORLD. XXI

世界

　　牌面中有一個人在無缺口的花環裡跳舞，表示完整和諧的成就。一切充實圓滿，達到終點並看見最美的風景。這張牌是大阿爾克納牌中的最佳好運，預示無比的幸福。目前處於運氣極佳的狀態。

基本KEY WORD　完成

正位

一個階段的結束
心滿意足的結果

　　這是最強大的一張牌，你長久以來堅持努力的事已告一段落，即將得到滿意的結果。目前累積的經驗將得到回報，獲得充實的滿足感和成就感。完成所有事情，享受達成目標後的喜悅，開心迎接下一個階段的到來。

🐰 杏花栗子 解讀範例

完成／結合、勝利、最強／終結／達成、抵達／戀情實現／最佳情侶／緊密團結／信賴關係／美滿結局／完美終點／永恆的愛

逆位

距離目標
只差一步之遙

　　暗示差一步就能達成目標。事情還在進行當中，即將在不久後完成。目前還沒做到極限，一旦放棄就無法完成，現在是堅持到底的關鍵時刻。

🐰 杏花栗子 解讀範例

離目標僅一步之遙／努力就能得到最佳成果／勝利近在眼前／和諧將帶來成功／時機將至／好運將至／保持平衡／事先準備

小阿爾克納共有56張牌
以4種花色體現人生故事

親密貼近生活的56張牌卡
提供更詳細的建議

78張塔羅牌扣除22張大阿爾克納牌，剩下的56張牌稱作小阿爾克納。牌面分為權杖、聖杯、寶劍、錢幣這4種花色，每14張為一組，形式類似撲克牌。

每種花色各有14張牌，分別為數字牌1到10，以及畫有人物的4張宮廷牌。以「聖杯五」為例，牌面會根據象徵物的數量畫出5個聖杯。宮廷牌由侍者、騎士、王后、國王這4張組成。

小阿爾克納所描繪的意義不深，幾乎都是更世俗化、更貼近生活的畫面。小阿爾克納能夠分析更多細部資訊，以不同於大阿爾克納的觀點提供人生建議。

✳ 花色對應四大元素

小阿爾克納的花色代表西洋的四大元素 —— 火、水、風、土。權杖是火元素，代表熱情；聖杯是水元素，代表情感；寶劍是風元素，代表思考；錢幣是土元素，代表物質。先記下4種花色的共同形象，有助於解讀牌義。

牌義解說的閱讀方法

❶ 牌卡的名稱與編號

權杖、聖杯、寶劍、錢幣牌組的數字牌（1～10）與宮廷牌（侍者、騎士、王后、國王）的名稱與編號。

❷ 基本 KEY WORD

牌卡的核心關鍵詞。可以透過關鍵詞，延伸出自己想像的畫面。當你感到困惑時，請回頭看看關鍵詞並深入解讀基本牌義。

❸ 牌卡的牌面

本書使用最知名的偉特塔羅。小阿爾克納只有數字1、侍者、騎士、王后、國王牌標示著名稱。2～10的花色數即是牌卡的編號。

❹ 牌卡的基本意義

講解牌面上的圖案，以及牌卡象徵物的意義。

❺ 正位的意義

介紹牌卡正位（圖片的上下方向正確）時的基本意義。

❻ 逆位的意義

介紹牌卡逆位（圖片倒立）時的基本意義。

❼ 杏花栗子解讀範例

杏花栗子從每張牌中得到的靈感所做的示範解讀，歡迎參考杏花栗子獨門的解析方式。

如何閱讀羅馬數字

羅馬數字的閱讀方式是：1＝I、2＝II、3＝III，以此類推。以「5＝V」、「10＝X」為準，「V」與「X」的右邊有數字表示相加，左邊有數字則是相減。以IV為例，5減1等於4。

| 5＝V |
| 10＝X |

| IV
＝
5－1＝4 |

| XII
＝
10＋2＝12 |

權杖
WAND

引發某個事件，開始的象徵

「Wand」是木棒的意思，表示人類進化過程中最早掌握的工具。木棒是生存的力量，也是注入活力的物品，能用作火把點火，也能用於野炊生火或當作房屋材料。權杖牌具有求生意志、熱情、達成目標的鬥志、創造力、本能慾望等涵義。

─── 權杖的故事 ───

侍者
看著權杖，感應訊息。

騎士
手持權杖，騎馬奔馳。

王后
威風凜凜地坐在寶座上，掌控人心。

國王
手持發芽權杖，熱情地展望未來。

A
手用力握著權杖，充滿鬥志。

2
胸懷野心，正在計劃旅行。

3
遙望大海，夢想前往遼闊世界。

4
揮舞花束，象徵平和的幸福。

5
鬥志高昂，氣宇軒昂地戰鬥。

6
手握勝利的權杖，獲得榮耀。

7
孤軍奮戰，在有利的情況下戰鬥。

8
如箭矢般強勁的8根木杖。

9
即使遍體鱗傷也不屈不撓。

10
抱著10根木杖，努力奮鬥。

權杖一
ACE OF WANDS.

基本KEY WORD　**活力**

權杖一代表熱情和創造，是純粹的火能量。牌面上發芽的木杖象徵著活躍的生命能量，預示新生命即將成長茁壯。

ACE OF WANDS.

正位	逆位
豐沛的能量	**偶爾需要內省**
受到熱情、堅強毅力、野心或鬥志的驅使，擁有朝目標奮勇前進的充沛能量。具備動物性本能的直覺力，胸懷熱情就能把握成功的機會。	因缺乏動力而無精打采，碰上不適合行動的時期時，請好好內觀自省。當你的競爭心態或野心過強，變得愈來愈自私的時候，建議稍作冷靜。

🐰 杏花栗子 **解讀範例**

燃燒熱情／一見鍾情／活力／野心／開始／幹勁十足

🐰 杏花栗子 **解讀範例**

可能徒勞無功／可能有點疲憊／稍作冷靜／避免失控

權杖二
TWO OF WANDS.

基本KEY WORD　**展望**

一個男人戴著象徵熱情和野心的紅帽，手持權杖和地球儀，正在遙望遠方。代表以超凡的毅力和執行力踏出一步，朝著遠大的目標穩步前行。

TWO OF WANDS.

正位	逆位
制定目標並展開行動	**看不清方向**
即使看不清明確的方向，但制定目標並進行規劃的階段已來臨。跨出新的一步就能以堅強的毅力付諸行動。	計畫進展不順且似乎停滯不前，內心愈來愈迷惘，因事與願違而焦慮不安。試著觀察周遭情況，重新調整視野吧。

🐰 杏花栗子 **解讀範例**

擴展願景／對未來充滿期待／踏出第一步／全球視野

🐰 杏花栗子 **解讀範例**

小心計畫失敗／可能過勞／猶豫不決／沒自信

權杖三
THREE OF WANDS.

基本KEY WORD　**追求卓越**

男人身穿紅色斗篷並手握權杖，站在隆起的山丘眺望遠方海面上的船隻。他已得到相應的成果，正在追求更高的目標。這張牌暗示著事情將有大幅進展。

III

THREE OF WANDS.

正位
追求更高成就
用心計劃並付諸行動將獲得一定的成果，不過目前仍在路途中。暗示追求更高的目標，放眼未來。

逆位
抓住機運
你似乎覺得事情既無法如願發展，也得不到成果。想法變消極、失去動力的時候，只要留意小事並加以活用，就能改善情況。

🐰 **杏花栗子 解讀範例**

階段性終點／好的轉機／新的關係／明確的理想

🐰 **杏花栗子 解讀範例**

穩紮穩打／勤勉努力／試著付諸行動吧

權杖四
FOUR OF WANDS.

基本KEY WORD　**穩定**

兩名身穿水藍色和紅色服飾的人在遠方迎接我們。4根權杖上纏繞著水果和植物，黃色背景象徵著充實與喜悅之情。這張牌表示即將得到收穫，進入穩定平靜的狀態。

IV

FOUR OF WANDS.

正位
收穫期來臨
你付出心力的事將順利發展，努力將得到回報。情況緩和且日趨穩定，取得滿意的成果後終於能稍微喘口氣。凡事將順利發展，內心得到平靜。

逆位
接受不穩定
事情可能進展不順，不穩定的時期無法開花結果。如果你意識到自己隨波逐流、做事散漫，就抓住改變的機會吧。

🐰 **杏花栗子 解讀範例**

收成的時期／安全感／溫和的對象／喘口氣／和平

🐰 **杏花栗子 解讀範例**

調整生活習慣／追求進步／不安的情緒

FIVE OF WANDS.
權杖五

基本KEY WORD 競爭

牌面畫著5個人揮舞權杖，彼此衝突的場面。他們分別穿著不同的服裝，身體朝著不同的方向，每個人都堅持自己的主張。這場爭執表示人對更好的事物及成功的追求。

正位	逆位
累積經驗才會進步	**聆聽他人建議**
大家都認為自己才是對的，堅持慾望而不肯妥協，為了達到更高的目標就必須戰鬥。對立衝突也是成長的過程，你的上進心將帶來成功。	衝突和競爭稍微停歇，情況逐漸恢復。聽取旁人的建議有機會讓事情順利發展，重新思考自己想怎麼做也很重要。

🐰 杏花栗子 解讀範例	🐰 杏花栗子 解讀範例
互相切磋的關係／競爭激烈／良性競爭／交換意見	採納建議／內在糾葛／不了解對方／請開闊視野

SIX OF WANDS.
權杖六

基本KEY WORD 勝利

騎著白馬的紅衣人手握權杖，頭戴月桂花環。這表示他是一名勝利者。這張牌暗示我們擁有主導權，能夠實現目標並取得令人滿意的成果。

正位	逆位
獲勝	**反思理想**
掌握主導權並獲勝，將得到成就感和滿足感。身旁的人也會稱讚你，只要保持上進心就能追求更高的成就。	當你失去主控權、立場不穩定或是被他人掌控時，請試著回想自己的理想是什麼。失去信心或想法消極的時候，內觀自省更是重要。

🐰 杏花栗子 解讀範例	🐰 杏花栗子 解讀範例
勝利、成功／表現活躍／專案大成功／受人祝福的愛情	挫敗感／力求進步／想得到認同／別輸給反對你的人

權杖七
SEVEN OF WANDS.

基本KEY WORD　**奮鬥**

男人正拿著權杖奮勇戰鬥。雖然敵人眾多，但站在岩石上的他掌握了優勢，試圖努力奮戰。這張牌表示為了守護自己而戰或盡力維持現狀。

正位	逆位
努力維持現狀	**渴望有利的地位**
暗示過去贏得成功的人將面對來自下方的壓力。奮力抵抗並保護自己，說不定就能維持現狀。為了守住目前的地位，應該重視未來的前景。	可能無法站穩立場，或是把位子讓給別人。即使你愈來愈渴望高位，但疲憊的時候最好還是休息一下。請做出能夠自保的選擇。
🐰 杏花栗子 解讀範例	🐰 杏花栗子 解讀範例
希望取得優勢／與無形之物戰鬥／自尊心強／不安／奮鬥	因逞強而疲憊／太虛張聲勢／需要幫助／可能沒有餘裕

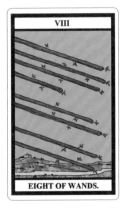

權杖八
EIGHT OF WANDS.

基本KEY WORD　**迅速發展**

牌面上畫著8根權杖，卻不見持有人。代表事情將在不自願的情況下快速發展，靜觀其變很重要。

正位	逆位
往好的方向快速發展	**穩定發展**
事情在出乎預料的情況下迅速發展。絕佳機會即將到來，把握時機就能順利解決問題，並朝好的方向發展。	雖然目前可能還看不清楚，但事情正在暗地裡緩慢發展。最好事先做足準備，以便隨時因應突發狀況。讓自己隨波逐流，等待時機的到來。
🐰 杏花栗子 解讀範例	🐰 杏花栗子 解讀範例
突然迅速發展／速食愛情／突如其來的消息／突然的聯絡	緩慢前進／穩步發展／暗地行動／隨波逐流

NINE OF WANDS.
權杖九

基本KEY WORD 謹慎

頭包繃帶的男人緊握著權杖,他在不利的情況下仍試圖努力戰鬥。這張牌表示在困境中奮戰到底的決心,以及不輕易妥協的態度。

正位
不屈不撓

受傷也要繼續戰鬥,擁有堅強毅力,代表即使情況不利也絕不放棄。束手無策時,請耐心等待、觀察對手的行動。你一定能解決問題,不要放棄。

| 🐰 杏花栗子 解讀範例 |

等待對方行動/靜觀其變/充分準備/盡力而為

逆位
必須做足準備

表示身心深受傷害,必須做好準備才能讓事情繼續發展。建議重新審視自己,先立定計畫再採取行動。

| 🐰 杏花栗子 解讀範例 |

有必須做的事/最後關頭掉以輕心/請用心準備/可能太固執

TEN OF WANDS.
權杖十

基本KEY WORD 責任

牌面中的人扛著10根權杖向前走,心甘情願地負重前行。代表在了解情況的前提下自願承擔壓力,並且努力實現目標。

正位
很有責任感

你被要求做能力範圍以外的事,因此感到壓力很大,或是明知辛苦卻還是扛起責任。但只要堅持到最後就有機會成功,請盡力而為。

| 🐰 杏花栗子 解讀範例 |

負擔沉重/責任或壓力/有價值的經驗/履行義務

逆位
請依靠他人

當別人把問題推給你,或是你被迫承擔壓力時,絕不能太勉強自己,否則你會因為壓力太大而放棄。向他人尋求建議也是很重要的事。

| 🐰 杏花栗子 解讀範例 |

壓力過大/不要獨自承受/找人商量

權杖侍者
PAGE OF WANDS.

基本KEY WORD 傳訊者

穿戴斗篷和帽子的年輕男人握著權杖仰望天空，他的身分是侍從。侍者懷抱冒險精神，並且持續旅行。他也扮演著信使的角色，負責將消息傳遞出去。

PAGE OF WANDS.

正位
堅持信念並付諸行動
代表意志堅定、積極行動。毅力十足且不屈不撓，將取得成功，暗示好消息即將到來。不過有時會因為個性太認真而陷入糾結。

🐰 杏花栗子 解讀範例

純真的愛情／坦率開朗／可愛且年紀較小的人／誠實／有上進心

逆位
重擬計畫
可能失去信心，凡事消極應對。如果你在途中失去了目標，不知該如何是好，建議重新擬定計畫。

🐰 杏花栗子 解讀範例

孩子氣／不坦率／避免想法偏激／缺乏規劃

權杖騎士
KNIGHT OF WANDS.

基本KEY WORD 冒險精神

騎士駕著勇猛的馬，他既冷靜又充滿熱情和企圖心，準備踏上冒險旅程。這張牌代表勇於挑戰的行動力。懂得控制自己的慾望才能與他人順利合作。

KNIGHT OF WANDS.

正位
立刻展開冒險
充滿冒險精神，積極大膽地行動。胸懷野心，勇於面對困難。個性熱情勇敢，但要注意別太驕傲。

🐰 杏花栗子 解讀範例

熱情／積極的方法／更有戀愛的動力／年輕與氣勢

逆位
安穩大於冒險
不論情況是好是壞，你會愈來愈放鬆，與其追求冒險不如選擇安穩的路。照著自己步調盡力嘗試，有機會得到他人的協助。以自己的步調前進吧。

🐰 杏花栗子 解讀範例

玩弄他人／追求穩定／請三思而後行

權杖王后 QUEEN OF WANDS.

基本KEY WORD 華麗

莊嚴的王后威風凜凜地坐在寶座上。她左手拿著象徵太陽的向日葵；開腿的坐姿展現出她的熱情與活力。個性天真爛漫且豪爽直率，善於照顧他人。

QUEEN OF WANDS.

正位

為他人行動

意志堅定且充滿自信，個性開朗坦率，具備良好的溝通協調能力。以助人為樂，積極參與社會活動，相當受人愛戴。

 杏花栗子 解讀範例

獨立華麗的女性／親切和善／心胸寬大

逆位

虛張聲勢

無法在他人面前展現脆弱的一面，往往過於強勢。坦率一點就能過得更輕鬆，凡事從敞開心胸開始。

杏花栗子 解讀範例

不服輸／逞強／固執／性情乖僻、彆扭

權杖國王 KING OF WANDS.

基本KEY WORD 自豪

寶座上的國王身穿熱情紅衣，手持發芽權杖。寶座的椅背高聳入雲，象徵著生命力、熱情及無限的潛能。

KING OF WANDS.

正位

幹勁十足的領袖

滿懷熱情和野心，擁有充沛的行動力。勇於面對困難，展現出不安於現狀、追求卓越的強烈企圖心。是大放異彩的可靠領導者。

杏花栗子 解讀範例

胸懷熱情、理想崇高的對象／有貴人指引／適合自營業

逆位

切記言出必行

當你失去信心、感到絕望的時候，不妨停下腳步，冷靜地觀察周遭情況，一定有人願意幫助你。既然下定決心，就要記得實踐。

杏花栗子 解讀範例

有點野心／需言出必行／注意不要態度蠻橫／觀察周遭情況

聖杯
CUPS

人心與感情變化

在諸如婚禮等人生大事、祭神儀式，或是表現喜悅或悲傷情緒的場合中都會出現聖杯。聖杯代表人的情緒、柔情、對他人的情愛，是展現人所有情感的花色。牌面上的聖杯象徵著人心，杯中的水則是在無形中流動的愛和感情。讓我們一起解讀喜悅、悲傷、心動等豐富情感吧。

=== 聖杯的故事 ===

侍者
侍者對著杯中的魚微笑，享受生活。

騎士
威風的青年朝夢想和理想前進。

王后
王后看著華麗的聖杯，平等待人。

國王
獨特的國王手裡拿著大大的聖杯。

A
水不斷溢出。

2
兩人互遞聖杯，建立關係。

3
3個少女正在分享喜悅。

4
無視眼前聖杯，似乎百無聊賴。

5
對著傾倒的杯子流露悲傷。

6
花朵聖杯讓天真的孩子很高興。

7
面前擺滿如夢般吸引人的聖杯。

8
背對成堆聖杯。

9
男人自豪地坐在9個聖杯前。

10
10聖杯排成象徵喜悅的彩虹。

聖杯一
ACE OF CUPS.

基本KEY WORD 愛情

水從手上的聖杯中溢出，聖杯象徵著組成世界四大元素之一的水。流出的水代表愛情，白鴿則是和平使者。這張牌具有永恆的愛與和平的意涵。

ACE OF CUPS.

正位	逆位
滿懷愛意	**確認感受**
充滿愛意，心靈滿足的狀態。親情、愛情或友情等各種形式的愛將填補你的心靈，使你找回內在的平靜。同理心和愛意將永不枯竭。	可能無法誠實表達感情而封閉內心。或許你正為此感到失望或不滿，請好好確認自己的感受吧。最好不要感情用事。

🐰 **杏花栗子 解讀範例**

心懷愛意／豐盛的戀愛／安穩的愛／男女特質之間的平衡

🐰 **杏花栗子 解讀範例**

因感受不到愛意而不安／匱乏感／孤獨感／沒自信

聖杯二
TWO OF CUPS.

基本KEY WORD 同理心

男人和女人面對面拿著聖杯，兩人深愛彼此。頭頂上帶有翅膀的獅子象徵人的野性，下方的手杖則象徵智慧，表示兩人心靈相通。

TWO OF CUPS.

正位	逆位
戀愛關係	**溝通協調**
雙方互有好感，將發展成愛情關係。除了男女情愛之外，也代表友誼或職場中互相切磋的關係。	兩人之間缺乏共鳴，心靈不相通。為了讓事情發展下去，請先對彼此誠實表達意見，慢慢靠近對方並嘗試溝通。

🐰 **杏花栗子 解讀範例**

兩情相悅／獨一無二的對象／心靈相通／互相信任

🐰 **杏花栗子 解讀範例**

避免太偏激／重在維持平衡／疑神疑鬼／尋求內在平靜

THREE OF CUPS.
聖杯三

基本KEY WORD **慶祝**

3個女人舉著聖杯圍圈跳舞。這張牌代表朋友之間的愉快聚會和交流活動。每個人穿著不同顏色的衣服，站在不同的角度，暗示著難以看穿的複雜人際關係。

正位	逆位
維持愉快的友誼	**分享你的煩惱**
結交朋友，或是參加團體活動或社會活動。未來很有可能繼續維持融洽和諧的關係，也可能遇見理解自己的貴人。	為人際關係所苦，互不理解而焦慮不安。為了緩解緊張的關係，請先重視自己的心情，並試著說出彼此的煩惱。
🐰 杏花栗子 解讀範例	🐰 杏花栗子 解讀範例
舉杯慶祝／團體交流／受人祝福的關係／協調合作／友情	團體間的煩惱／擔心合不來／怕生的人／注重個體性

FOUR OF CUPS.
聖杯四

基本KEY WORD **不滿**

坐在樹下的男人雙手抱胸，對眼前的聖杯毫無興趣。當心裡有所不滿時，環境變化和精神刺激能幫助我們恢復活力。未來即將發生變化，現在正是覺察的時刻。

正位	逆位
為一成不變而焦慮不安	**活動重啟的預兆**
可能對現況感到不滿，處於匱乏的狀態。你是否過度強求了？只要重新檢討自己，就一定能找到解決辦法。	生活出現變化的徵兆，終於要展開行動。有機會想出打破現狀的好點子，只要立定計畫，就能帶來好的轉變。
🐰 杏花栗子 解讀範例	🐰 杏花栗子 解讀範例
孤獨感／匱乏感／不滿意／有解決方法／請觀望情況	醒悟／情況好轉／希望浮現／想到好點子／變化的時刻

聖杯五
FIVE OF CUPS.

基本KEY WORD **徵兆**

披著黑色斗篷的人低著頭，悲傷地望著3個傾倒的聖杯，不知道背後還有2個聖杯。這張牌表示雖然會因為失去重要事物而感到沮喪，但希望依然存在。

正位	逆位
從絕望走向希望	**出現新的希望**
當你因努力得不到回報而失望時，可能會失去動力或手足無措，但其實希望還在。請把牌卡的徵兆當作好的轉機吧。	在你遲遲無法放棄時，希望會慢慢浮現。你可能會往其他目標邁進，或與過去分離的人重逢。一切都還有機會，你可以嘗試改變方向。
🐰 杏花栗子 解讀範例	🐰 杏花栗子 解讀範例
鑽牛角尖／封閉內心／暫時絕望／認為自己失去了	還有機會／留意徵兆／試著改變方向

聖杯六
SIX OF CUPS.

基本KEY WORD **回憶**

戴著紅色帽兜的男孩正在把裝滿白花的聖杯交給幼兒。兩人代表著昔日的溫馨家庭或手足之愛，以及過去的美好回憶。懷舊的感情將溫暖我們的心靈。

正位	逆位
昔日的美好回憶	**難忘的記憶**
過去的回憶將再度浮現並溫暖你的心靈。可能想起童年玩伴、老朋友或成長的故鄉，你的意識將回到過去。	為過去的言行舉止而懊悔。你或許會變得過於執著，但不需要刻意壓抑自己的感受，慢慢地走向全新的階段吧。
🐰 杏花栗子 解讀範例	🐰 杏花栗子 解讀範例
童心、純真／回憶／回想／親密的感情／懷舊	悔不當初／痛苦的回憶／難忘的記憶／童年創傷

聖杯七

基本KEY WORD **妄想**

飄在雲中的聖杯裡裝著人頭、蛇、珠寶等幻象,黑衣人似乎毫無察覺這是幻象,而真正重要的事物或許就隱藏在正中央的布料底下。

正位	逆位
做夢	**重新確認目標**
你似乎正在逃避現實,沉溺於妄想或幻想的世界。如果你有很多想做的事,設定目標應該會有所幫助。情緒穩定將使你內心平靜。	從夢境中清醒,逐漸看清現實。立定明確的未來目標後,你將不再迷惘並找到前進的道路。現在正是展開新故事的時刻。

🐰 杏花栗子 解讀範例	🐰 杏花栗子 解讀範例
妄想/幻想/空想/想做太多事/逃避現實/夢境	覺察真正的感受/覺醒/面對現實

聖杯八

基本KEY WORD **出發**

月光照耀之下,夜晚的海邊有個紅衣人背對10個成堆的聖杯而去,他對事物的好奇心似乎隨著時間而逝了。這張牌表示感情或興趣產生變化。

正位	逆位
新目標	**滿足於現狀**
事情告一段落,準備追尋新的事物。思想或人生觀改變,開始尋找不一樣的做法或道路,但絕不是消極的意思。	很滿意現在擁有的事物,不追求新體驗。與其他牌搭配解讀時,表示你已發現問題,卻無法脫離當下狀態,或者暗示你正在追求變化的途中。

🐰 杏花栗子 解讀範例	🐰 杏花栗子 解讀範例
新目標/覺醒/新的關係/出發/告一段落	避免原地踏步/難以釋懷的焦慮/請內觀反省/放不下

聖杯九 NINE OF CUPS.

基本KEY WORD **願望成真**

戴著紅帽的男人露出滿足的微笑。身後成排的聖杯代表他擁有的財富和成功，物質和心靈方面都得到滿足。這是一張宣告幸運降臨的好運牌。

正位	逆位
願望實現	**依循自我步調生活**
將獲得意想不到的成功。不論努力的程度或天賦的有無，機會都會降臨並帶來好運。你有可能實現願望或懷抱新的夢想。	當你覺得不滿、焦慮不安或失去信心時，請停下來喘口氣。糟糕的情況不會持續太久，好好留意自己的步調，試著放鬆心情吧。

🐰 **杏花栗子 解讀範例**　　🐰 **杏花栗子 解讀範例**

願望實現／達成目標或成功／幸　　焦慮不安／你覺得不滿足嗎？／
運事件／受到提拔／事情解決　　　沒信心／避免驕傲自大

聖杯十 TEN OF CUPS.

基本KEY WORD **幸福**

晴朗的天空中有一道彩虹，上面有10個閃耀的聖杯。一對夫妻正仰望著彩虹，孩子們在一旁嬉戲，真是美好的景象。這張牌充滿幸福與愛的訊息，表示心靈美滿的時刻或關係。

正位	逆位
幸福美滿	**不要過度擔憂**
內心很富足，充滿安全感和滿足感，可能與家庭、社區或他人分享喜悅。這不是短暫的狀態，而是長久的幸福。	遇到令人失望的事，或是擔心家人、親戚問題時，觀察情況並心存感恩是很重要的事。以循序漸進的態度解決問題，就能改善情況。

🐰 **杏花栗子 解讀範例**　　🐰 **杏花栗子 解讀範例**

未來約定／美滿的幸福／家　　　家庭創傷／不信任他人／對未
庭、穩定／互相扶持　　　　　　來感到不安／請心存感恩

聖杯侍者
PAGE OF CUPS.

基本KEY WORD　**想像力**

身穿獨特服飾的青年站著握住聖杯，一隻魚從杯中探出頭，呈現出特別的景象。代表擁有純粹的心、創造力、豐富的想像力，能夠娛樂眾人。

PAGE OF CUPS.

正位
個性獨特
擁有豐富的想像力，能夠想出獨特的點子。才華洋溢，在社會上如魚得水。純真而惹人憐愛，備受他人寵愛。同時也表示好消息的預兆。

🐰 **杏花栗子 解讀範例**
純真的愛／可愛／很感性／純粹的心／好品味

逆位
非常孩子氣
這時期容易展現出孩子氣的一面，有好有壞。視情況流露出天真無邪的樣子，有助於展現個性，但一定要考慮時間、地點和場合。

🐰 **杏花栗子 解讀範例**
孩子氣／不成熟／請試著增長知識／愛撒嬌的人

聖杯騎士
KNIGHT OF CUPS.

基本KEY WORD　**溫柔**

駕著白馬的騎士不拿劍，而是拿著聖杯前進，展現與世無爭、溫和穩健的氣質。這張牌表示慈悲的愛或關懷。

KNIGHT OF CUPS.

正位
體貼的人
個性誠實且充滿愛心的人。懂得避開爭執，願意同理對方的心情，具備溝通協調能力。比起強調自己的想法，更常配合周圍環境與他人步調。

🐰 **杏花栗子 解讀範例**
溫柔的浪漫主義者／很體貼的對象／穩健的做法

逆位
重視自己
被迫思考慈悲心或和善待人的問題。對人太溫柔，因同情心作祟而優柔寡斷。可能受他人影響而勉強自己，請好好重視自己的感受。

🐰 **杏花栗子 解讀範例**
被輕視／小心措辭／避免優柔寡斷

QUEEN OF CUPS.
聖杯王后

◇ 基本KEY WORD　奉獻 ◇

王后注視著鑲滿飾品的聖杯，象徵著充滿母愛、感情深厚的人。為人體貼和善，總是付出無償的愛。但從她沉思的神情也能看出過於鑽牛角尖的一面。

QUEEN OF CUPS.

正位	逆位
奉獻的愛	**別太鑽牛角尖**
充滿仁慈心，願意為愛奉獻自己，因此內心充實滿足。想像力很豐富，能夠發揮獨特的感性，是很有藝術品味的人。	當你開始鑽牛角尖、過度思考，焦慮不安而手足無措時，請試著以客觀的角度綜觀全局，也許事情比你想的還要簡單許多。

🐰 杏花栗子 解讀範例 | 🐰 杏花栗子 解讀範例 |

藏於內心深處的想念／奉獻精神／個性敏感纖細／神祕

太鑽牛角尖／負面思考／內心封閉／個性內向

KING OF CUPS.
聖杯國王

◇ 基本KEY WORD　寬宏大量 ◇

拿著聖杯的國王穩穩地坐在海洋的寶座中。聖杯國王象徵水中之王，他擁有如海洋般寬闊的心胸，是個沉穩大方的人。這張牌表示和善敦厚的人物或行動。

KING OF CUPS.

正位	逆位
沉穩寬容的心胸	**不要過度犧牲**
為人寬厚穩重，不喜歡與人爭執。你會選擇自己的路，依循自我步調過生活。擁有寬大的心胸，且願意為他人貢獻自己的能力。	因為太溫柔體貼而犧牲了自己。無法信任他人的時候正是放鬆的時刻，請試著深呼吸，別太勉強自己。好好關心一下自己的感受吧。

🐰 杏花栗子 解讀範例 | 🐰 杏花栗子 解讀範例 |

寬容的對象／深情／德高望重的對象／靈性很高／心胸寬大

太溫柔／沒有餘裕／不信任他人／疑神疑鬼／態度模糊

寶劍
SWORDS

知性冷靜的言行舉止

　　隨著科技進步，人類製作出了劍。寶劍象徵著知性、智慧和理性，同時包含對他人造成精神傷害的意義。人類的知識水準提升後，思考模式、心理活動也變得更複雜，心中有更多想法和策略。寶劍有些牌乍看之下讓人不舒服，但要相信我們終將迎接曙光，產生新的價值觀。

—————— 寶劍的故事 ——————

侍者
小心謹慎，確認是否有敵人。

騎士
充滿自信，渴望展現才華。

王后
向前看，接受自己的錯誤。

國王
做出正確的判斷，嚴格的國王。

A
握著寶劍的神之手，開墾拓荒。

2
內心在兩把劍之間擺盪煩惱。

3
寶劍貫穿心臟，傷心欲絕。

4
大受打擊，暫時靜養。

5
懷疑同伴，擬定策略。

6
划船旅行，朝著新天地前進。

7
雙手抱著多把寶劍，積極嘗試。

8
被束縛的女人周圍都是劍，無法自由行動。

9
即將從惡夢之中解脫。

10
男人被寶劍刺傷，後方是黎明的曙光。

ACE OF SWORDS
寶劍一

基本 KEY WORD **決斷力**

強而有力的手舉著向上的寶劍，寶劍前端的皇冠和月桂是勝利的象徵。代表以敏銳無情的力量獲勝，也表示決斷力及做出正確判斷的能力。

ACE OF SWORDS.

正位	逆位
獲勝	**言行舉止別太偏激**
即使不得不戰鬥或被迫做出困難決定，還是能堅持前進，實現目標並獲得勝利。心靈強大的人才能做出正確的判斷。	為了維持融洽的人際關係，請注意措辭。說話不小心太尖銳時，請觀察並配合對方的反應。需要坦誠溝通的時刻。

🐰 杏花栗子 解讀範例｜

不意氣用事／內心強大／正確的決定／有智慧／判斷能力

🐰 杏花栗子 解讀範例｜

需注意措辭／決斷力不足／迷惘／請尋求建議

TWO OF SWORDS
寶劍二

基本 KEY WORD **平衡**

蒙著雙眼的女人在夜晚的海岸前坐著。她雙手交叉，手握兩把劍，身體保持平衡。這張牌表示在看不清的情況下維持事物的平衡。

II

TWO OF SWORDS.

正位	逆位
保持平衡	**優柔寡斷**
無論是愛情、人際關係、工作或個人生活都能保持良好的平衡，與朋友或同事之間也能建立平等關係。	你處於失衡的狀態，因此變得優柔寡斷而猶豫不決，對不平等的關係心生不滿，請先確認目前的情況再邁向下一步。

🐰 杏花栗子 解讀範例｜

保持平衡／內觀／冥想／取得平衡

🐰 杏花栗子 解讀範例｜

失去平衡／不信任他人／有點自私／渴望進展

THREE OF SWORDS.

寶劍三

基本KEY WORD　**心痛**

3把寶劍刺中代表心臟的心形，象徵劇烈的心痛感。背景持續下著雨，表示淚流滿面的情況。內在深刻受傷而無法振作時，請好好休息。

III

THREE OF SWORDS.

正位	逆位
強烈的悲傷	**恢復的時候來臨**
正如牌面中的意象，發生令人心碎的事情時，你需要面對強烈的悲傷，甚至以淚洗面，但大哭一場可以療癒心靈。	當你的各種情緒交織，遭遇既悲傷又不安的事情時，心情可能會混亂不已。但恢復的時刻將慢慢到來，請依循自己的步調生活。
🐰 杏花栗子 解讀範例	🐰 杏花栗子 解讀範例
傷心／疲勞／遭遇創傷／承受壓力	慢慢恢復／東山再起／黎明將至／經驗將成為養分

FOUR OF SWORDS.

寶劍四

基本KEY WORD　**休息**

騎士的雕像雙手交握，安靜地躺在棺材上。後方有一排整齊的寶劍，表示經過一番戰鬥後休息片刻。代表匆忙的情況停止，逆位則有恢復之意。

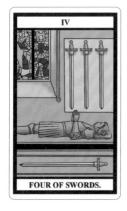

IV

FOUR OF SWORDS.

正位	逆位
讓身心休息片刻	**情況緩慢發展**
繁忙的活動告一段落，休息片刻。不要勉強自己行動，現在是為身心充電的時期，請靜待更好的時機。	休息時間結束，原本停滯的事開始慢慢發展。出現變化的預兆，看清解決難題的方法，修復惡化的人際關係。
🐰 杏花栗子 解讀範例	🐰 杏花栗子 解讀範例
伺機而動／休息片刻／恢復身體狀態／充電期／需要療癒自己	開始動作／付諸行動／重新出發／做好準備

寶劍五 FIVE OF SWORDS.

基本KEY WORD **規劃**

男人在激烈的戰鬥中脫穎而出,他奪走敗者的寶劍並展露笑容。狂風代表混亂的內心。毫不留情地戰勝他人之後,還是必須考慮未來的事。

正位

規劃戰略

雖然打贏了對手,卻有些貪心,獲勝後可能徒留無以名狀的複雜思緒。請重新審思,依照自己的想法行動後,未來將如何發展。

🐰 **杏花栗子 解讀範例**

可能有點自私/貪慾/注意措辭與態度/計畫性

逆位

重新開始的機會

你可能太執著於勝負了。請趁這個機會重新檢討,建議與身邊的人討論看看。當你改變自己的行為後,旁人對你的評價也會跟著改變。

🐰 **杏花栗子 解讀範例**

重新開始的機會/不信任人/請老實行動/需聽取建議

寶劍六 SIX OF SWORDS.

基本KEY WORD **新的旅途**

船夫正在慢慢地划動小船,中央坐著一對緊靠著彼此的母子。雖然不知道前方會發生什麼事,但會有貴人相助,能夠跨出全新的一步。

正位

朝好的方向發展

現在是擺脫過去束縛、邁向未來的時刻,可以展開新生活、建立新人際關係、擺脫舊習。戀愛方面也將朝著好的方向進展。

🐰 **杏花栗子 解讀範例**

全新旅程/移動、搬遷/轉換方向的時刻/環境變化

逆位

釐清思緒

情況停滯不前、陷入瓶頸、進展延宕、失去目標或計畫延期。焦慮不安時別一個人獨自承擔,你可以試著放手。

🐰 **杏花栗子 解讀範例**

迷惘/對變化感到不安/靜止不動/擔心害怕

SEVEN OF SWORDS.

寶劍七

基本KEY WORD **策略**

男人企圖偷走手中的5把劍。他躡手躡腳地笑著回頭，看起來很「狡猾」。正位代表成功的策略，逆位則是有利的建議。

VII

SEVEN OF SWORDS.

正位

制定策略並達成目的

能依照計畫達成目標，或是滿足自身的慾望。但要成功還是得靠少許的計畫輔助，因此請仔細觀察周圍情況並檢討人際關係。

| 🐰 杏花栗子 解讀範例 |

戰略／討價還價／頭腦聰明／小心金錢話術

逆位

有用的建議

逆位與需要擬定策略的正位相反，表示有利的忠告、有用的建議等正面意義。意想不到的建議將使你得以解決困難。

| 🐰 杏花栗子 解讀範例 |

可以重新來過／打消念頭／重新思考／誠實面對

EIGHT OF SWORDS.

寶劍八

基本KEY WORD **限制**

女人的雙眼被蒙蔽、身體被束縛，站在8把劍的中央，處於無法行動、失去自由或受限的狀態。但她的雙腳還能自由行走，因此這個情況不會持續太久。

VIII

EIGHT OF SWORDS.

正位

動彈不得

你覺得自己被困住了嗎？是不是很痛苦呢？工作或生活忙到完全沒有空閒時間時，請不要勉強自己，好好休息吧。

| 🐰 杏花栗子 解讀範例 |

無法行動／受到限制／思想局限／渴望解脫

逆位

即將展開行動

可能發現問題的原因，並想出解決辦法。即將脫離框架，可以依照自己的想法來行動。誤會被解開，情況將好轉。

| 🐰 杏花栗子 解讀範例 |

發現誤會／開始反抗／獲救／付出行動

NINE OF SWORDS
寶劍九

基本 KEY WORD　**鑽牛角尖**

女人坐在床上低頭掩面，表示深刻的苦惱與悲傷。黑色的背景中排列著9把劍。除了漫長的悲傷與煩惱以外，也暗示我們將從惡夢中清醒，而且一定能順利逃脫。

正位	逆位
別太鑽牛角尖	**擺脫焦慮**
遭逢人生重大變故而悲痛欲絕，精神大受打擊。當你因為想太多而深陷負面情緒時，請記得自我覺察。	曾經的煩惱得以解決，停滯不前的事將開始發展。這是好轉的預兆，心情將稍微放鬆，因此請不要過度沉思。
🐰 杏花栗子 解讀範例	🐰 杏花栗子 解讀範例
惡夢／對未來感到不安／為妄想所苦／鑽牛角尖／重大創傷	看清現況／不再害怕／痛苦消失／心情變好

TEN OF SWORDS
寶劍十

基本 KEY WORD　**黎明將至**

一個人倒臥在地，背上插著10把劍，情況十分危急。現在雖然艱辛，但過去的苦痛將結束，即將進入新的階段。後方的黎明曙光代表著希望。

正位	逆位
黎明將至	**擺脫最糟的情況**
過去遭遇意外的厄運或不幸，事情在你不情願的情況下結束，但同時也表示你至今的煩惱都會終結。放下痛苦、煎熬、迷惘的時刻即將來臨。	最糟的情況將慢慢改善，可以看見好預兆。但傷口還沒完全癒合，務必謹慎面對。
🐰 杏花栗子 解讀範例	🐰 杏花栗子 解讀範例
即將天明／疲勞／承受壓力／問題將迎刃而解	看見希望／再次出發／情況改善／找到解決辦法

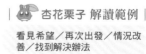

寶劍侍者
PAGE OF SWORDS.

基本KEY WORD **萬全準備**

少年在荒野中行走，手裡握著一把劍，眼神銳利地望向遠方，環顧四周並提高警覺。這張牌表示用心收集情報、睿智謹慎的特質。

正位	逆位
謹慎行事	**仔細觀察四周**
代表仔細收集情報並謹慎行事。可能指個性精明、警戒心強且很少顯露真情的人。	個性精明且警戒心強，但因缺點太明顯而變得既冷淡又好戰，請試著環顧四周。如果你很容易被人誤會，請尋求可靠朋友的建議。

杏花栗子 解讀範例	杏花栗子 解讀範例
擅長收集情報／準備周全／不可大意的行動／事前調查很重要	小心計畫失敗／小心誤會／猶豫不決／請跨出第一步

寶劍騎士
KNIGHT OF SWORDS.

基本KEY WORD **衝刺**

騎士高舉寶劍，騎馬全力奔馳。隨風飄逸的馬毛和流動的雲，象徵事情快速變化。全速前進並勇敢衝刺，事情將迅速發展。

正位	逆位
全力衝刺	**冷靜留意**
在崎嶇的道路上全速前進，就能殺出一條血路。突如其來的消息可能讓你嚇一大跳，但只要保持冷靜並立刻處理，就能取得成功。	快速的行動或衝勁可能適得其反。操之過急容易錯估目標，或是看不清周圍情況；當你確定要繼續下去時，更應該保持冷靜。

杏花栗子 解讀範例	杏花栗子 解讀範例
速度感／勇敢、有判斷能力的對象／有計畫的行動	衝動魯莽／不怕死／重新擬定計畫／請三思而後行

寶劍王后 QUEEN OF SWORDS

基本 KEY WORD　**冷漠**

成為寡婦的王后左手戴著玫瑰念珠，內心悲痛萬分，無法關心他人。直挺的寶劍象徵王后嚴屬敏銳的性格。正位表示王后的智慧，逆位則有刻薄犀利的意思。

QUEEN OF SWORDS.

正位	逆位
發揮敏銳的洞察力	**承擔過多責任**
具有敏銳的洞察力，能冷靜地做出正確判斷、平等地聽取建議、組織眾人，並有自信地處理事情。	可能有點累了，想法較僵化。如果你不再信任身邊的人，就表示你缺乏自信。請休息一下，盡力而為吧。

🐰 杏花栗子 解讀範例	🐰 杏花栗子 解讀範例
深思熟慮的優秀女性／敏銳的觀察力／正確的判斷／隱藏感情	精神不穩／疑神疑鬼／需要休息／無法做出正確的判斷

寶劍國王 KING OF SWORDS

基本 KEY WORD　**賢明**

國王坐在寶座上，雙眼直視前方。手中的寶劍微微傾斜，好似在衡量事情。代表權勢者或掌權者運用智慧冷靜地判斷情況，並且做出決定。

KING OF SWORDS.

正位	逆位
能夠理性評斷	**聽取意見**
能站在指導者的立場理性地判斷事情。工作和學業方面將得到實質成果。在戀愛方面，你能做出明智的決定並掌握主導權，使關係持續發展。	因為太忙碌而失去個人空間。當你快跟旁人起衝突時，不妨深呼吸一下。等冷靜下來後，再傾聽他人的建議並從環境開始改變吧。

🐰 杏花栗子 解讀範例	🐰 杏花栗子 解讀範例
冷靜賢明／懷抱信念／黑白分明／有判斷能力	獨裁者／避免態度威壓／觀察四周／過於冷漠

錢幣
PENTACLE

物質豐盛與社會地位

　　錢幣代表金幣、硬幣或紋章，象徵對人有價值的一切事物。錢幣不是指精神層面的價值，而是財產、家庭、肉體等實質或金錢方面的利益價值，在某種程度上更務實理性。有些牌的涵義是努力和智慧將帶來豐厚的財富，但驕傲自滿會導致挫敗。錢幣表示豐盛的物質和財富，以及與其相關的前後因果。

錢幣的故事

侍者	騎士	王后	國王
站在地上以務實方法得到豐盛物質。	努力不懈，堅持明確的目標。	生活穩定富足，平安和諧。	多年的努力終於開花結果。

A	2	3	4	5
確實提升能力或得到財富。	善用技能，努力精進。	得到他人的認同，出現好的機會。	獲取報酬，滿足於現狀。	與他人共患難，突破困境。

6	7	8	9	10
平等的施與受。	重新檢討自己的機會。	一心一意，集中專注。	努力被人看見，獲得好的評價。	擁有自己的一片天，實現目標。

ACE OF PENTACLES.
錢幣一

基本KEY WORD　**獲得**

神的手裡捧著一枚大金幣,象徵豐盛的物質;地上遼闊的庭園象徵繁榮安穩的狀態。這張牌代表得到有價值的事物,且情況穩定發展。

ACE OF PENTACLES.

正位	逆位
獲得重要之物	**仔細評估未來**
得到貴重、價格高昂或對你有價值的事物,可能出現努力終有回報的預兆。在愛情和婚姻方面,則表示是樂觀向前的好機會。	當你失去重要事物、物質生活不穩定時,應該避免意外性的消費,評估未來情況有助於消除不安。

🐰 杏花栗子 解讀範例 ｜　　　｜ 🐰 杏花栗子 解讀範例

有形的財富/第一步/物質上的快樂/五感發達　　離成功只差一步/匱乏不安/不完整/可能不滿足

TWO OF PENTACLES.
錢幣二

基本KEY WORD　**輕快**

戴著紅帽的年輕人拿著兩枚金幣,似乎正在玩丟沙包遊戲。錢幣四周的繩子是無限符號,代表無限的潛能。這是一張輕鬆愉快的牌,但也要小心避免情況失衡。

II

TWO OF PENTACLES.

正位	逆位
兩者兼顧	**掌握生活重心**
即將發生讓你轉換心情的好事。能夠享受休閒時間,與人愉快交流。在娛樂、工作、學業之間找到平衡,度過充實的生活。	感情起伏跌宕、內心焦慮不安或身體出狀況時,請重新調整生活並抓穩生活重心。如此一來就能自然找回平衡。

🐰 杏花栗子 解讀範例 ｜　　　｜ 🐰 杏花栗子 解讀範例

取得平衡/妥善安排/合作愉快的對象　　起伏不定/不善溝通/無法應付而焦慮不安

錢幣三

基本KEY WORD 合作、進步

工匠正在確認圖面，用心投入工作。牆上刻著錢幣的符號，表示腳踏實地、努力不懈之後將會開花結果。此外，也表示不滿足於現狀，努力追求遠大目標的重要性。

III

THREE OF PENTACLES.

正位
耐心磨練實力

耐心學習並累積實力，堅持努力將得到好成果。在工作和學業上也要互相合作，穩步前進。有可能需要具備熟練的技術能力。

| 🐰 杏花栗子 解讀範例 |

發展成交往關係／慢慢縮短距離／合作／共同工作

逆位
與人合作

無法脫離平庸的技術或狀態。感覺停滯不前時，請好好檢討。主動與身邊的人合作、聽取他人建議，就能改善情況、找到解決辦法。

| 🐰 杏花栗子 解讀範例 |

避免獨來獨往／協調能力很重要／聽取建議／未完成

錢幣四

基本KEY WORD 執著

頭戴皇冠的男人坐在椅子上，他兩手緊抱著錢幣，雙腳也踩著錢幣。這表示對擁有的事物緊抓不放，態度執著。逆位牌則表示貪心的慾望。

IV

FOUR OF PENTACLES.

正位
放不下的想法

非常執著於你擁有的事物。對象除了金錢或所有物之外，也包括異性或人際關係。雖然狀況很穩定，但不願改變現狀的想法會導致故步自封。

| 🐰 杏花栗子 解讀範例 |

擁有／獨佔／保守／務實／維持現狀／堅決不放手

逆位
接受不安全感

因不滿足於現狀而慾望膨脹、心情焦慮不安。建議你接納自己想守護一切的心情，靜待環境或情況發生變化。

| 🐰 杏花栗子 解讀範例 |

太保守／慾望無窮／佔有慾過強／過度保護

FIVE OF PENTACLES
錢幣五

基本KEY WORD　貧困

一對傷殘貧困的男女在雪中行走。這張牌表示金錢、物質、健康、愛情等各方面的匱乏狀態。但教堂的彩繪玻璃發著光，暗示希望尚未消失。

正位
尋求協助
因收入太低而為生活所苦，或是生病受傷而身體欠佳的時候，請跟身邊可靠的親友商量，不要一個人獨自承受。

| 🐰 杏花栗子 解讀範例 |

你是否感到寸步難行？／可靠的同伴／擔心收入問題

逆位
愈是混亂，愈該冷靜
工作或生活的環境劇變時，更應該花時間自我反省。跟朋友聊聊天，讓自己冷靜下來，說不定就能進入下一個階段。

| 🐰 杏花栗子 解讀範例 |

重新出發的時機／需要協助／請內觀自省／你不孤單

SIX OF PENTACLES
錢幣六

基本KEY WORD　慈愛、恩惠

穿著氣派的商人分享錢財給窮人，左手的天秤是公平的象徵。這張牌表示不求回報的良善和慈愛，真實的體貼關愛將孕育出仁慈心和愛意。

正位
接受關愛
接受他人的體貼、關懷和愛意，或是發自內心善待他人。此外，建立平等溫暖的關係，能幫助你獲得想要的結果。

| 🐰 杏花栗子 解讀範例 |

平等／分配／報償／施與受／互相幫忙

逆位
感謝身邊的人
沒有喘息的空間、狀態失衡的時候，正是重新檢視自己的好時機。記得對他人給予精神上的關心與體諒，並對身邊的人表達感謝之情。

| 🐰 杏花栗子 解讀範例 |

可能太偏激／不平等／無法接受／缺乏公平性

SEVEN OF PENTACLES

錢幣七

基本KEY WORD　**反省**

農夫對自己勞心勞力栽種的農作物面露愁容，似乎不滿意農作物的生長和收成情況。這張牌代表目前是情況和關係緩慢發展的階段，需要堅持忍耐，靜候觀望。

正位	逆位
觀察變化和成長情況	**盡力而為**
當你感覺事情沒什麼變化進展，為此心生不滿的時候，絕對不能急躁。現在是緩慢成長進步的時期，不要輕舉妄動，默默觀望才是正確的做法。	因為事情的變化速度太慢而愈來愈不滿時，更不應該草率行事或半途而廢，請找出自己能力所及的事。建議穩紮穩打地前進。

🐰 杏花栗子 解讀範例	🐰 杏花栗子 解讀範例
沉思中／為工作煩惱／下一步行動／想要更多	需展開具體的行動／可能有始無終／半途而廢／需調整方向

EIGHT OF PENTACLES

錢幣八

基本KEY WORD　**勤奮**

工匠正在認真工作。工作內容很單調，只是重複製作金幣，但他毫不懈怠地埋頭苦幹。這張牌代表即使不知道結果會如何也要耐心堅持，努力不懈將帶來成功。

正位	逆位
繼續獨自努力	**需要長期努力**
沒辦法一步登天，需依循自己的步調腳踏實地、努力不懈。只要勤奮工作就能提升實力，在學習技術或儲蓄方面有正面的意義。	可能對自己太有自信而輕忽努力的重要性。重視誠信關係，聽取旁人的意見並表達感謝，情況將有所改變。

🐰 杏花栗子 解讀範例	🐰 杏花栗子 解讀範例
大器晚成／熱愛工作的對象／踏實努力／最後必能開花結果	專注很重要／簡單的工作／需提升續航力／需學習技術

NINE OF PENTACLES.
錢幣九

基本KEY WORD　**寵愛**

年輕貌美的女人手上停著一隻優雅的小鳥，庭園的葡萄和金幣象徵豐盛的成果。這張牌代表外在變得更有魅力，可獲得成功、實現愛情。此外，也有得到權勢者關愛的意思。

正位	逆位
更加美麗動人	**引人注目而引起事端**
與漂亮又有魅力的人結緣，或是自己變得更有吸引力，能獲得實質的愛情或幸福感。有實力的人會認同你的能力，不論工作還是生活都大放異彩。	正因為你很有魅力，所以當你與人交往不誠實、過於奢侈的時候，自私自利的行為將格外引人注目。請反省一下自己的言行舉止。

🐰 杏花栗子 解讀範例	🐰 杏花栗子 解讀範例
富裕的女性／美好的環境／金龜婿／用餐邀約／得到信任	避免奢侈／請心存感恩／不安於現狀／有點勞累

TEN OF PENTACLES.
錢幣十

基本KEY WORD　**親情之愛**

一家老小在氣派的房子裡齊聚一堂。畫面中有親近主人的狗，以及漂亮的庭園，洋溢著富足安穩的氣氛。這張牌表示家人般的溫暖羈絆能夠充實人心。

正位	逆位
感受溫暖的牽絆	**注重禮節**
與親朋好友加深感情，度過放鬆安穩的時光。透過人與人之間的連結，感受物質和精神上的富足感，可能繼承遺產或得到有價值的東西。	在家庭或其他親密關係中，請記得以禮相待。彼此靠太近的時候，請試著後退一步俯瞰全貌，事情說不定會朝好的方向發展。

🐰 杏花栗子 解讀範例	🐰 杏花栗子 解讀範例
成功或反饋／兩情相悅、結婚／繼承／幸福的生活／長久關係	家庭問題／遺產問題／擔心經濟困難／小心浪費

錢幣侍者

基本KEY WORD　**努力**

年輕人雙手捧著金幣，並用珍惜的眼神看著它。平緩的草原和遠處的青山象徵著光明的未來。面對任何事都能堅持投入，取得穩定豐盛的成果。

PAGE OF PENTACLES.

正位

勤奮努力將帶來好運

打從一開始便持續努力、勤奮耕耘的態度將帶來成功或好運。此外，也可能暗示你將認識務實可靠的人，或是在金錢收入方面有好消息。

| 杏花栗子 解讀範例 |

腳踏實地／勤奮／努力／實力提升／很有潛力的對象

逆位

請持續努力

當你的想法變得不切實際時，請聽聽身邊朋友的建議，重新檢討自己，思考該如何走下去。請更加重視內觀自省的時間。

| 杏花栗子 解讀範例 |

不擅長談戀愛／經常幻想／幼稚的戀愛／想法偏激／頑固

KNIGHT OF PENTACLES.

錢幣騎士

基本KEY WORD　**踏實、穩定**

坐在馬上的騎士高舉金幣，好像在看著目標一樣。馬的步伐緩慢，但騎士依然堅持向前走。這張牌代表事情需要經過一段時間才會有所進展，但確實正在穩步前進。

KNIGHT OF PENTACLES.

正位

步步為營

事情正在逐步發展。態度不疾不徐，感覺沉著穩重，穩紮穩打地前進。在感情和交友方面處於謹慎穩固的關係。

杏花栗子 解讀範例 |

務實認真的對象／追求穩定／耐心達成目標／努力的人

逆位

請擬定策略

雖然務實很好，但我們必須投入一點熱情才能避免一成不變。想要有新鮮感，不妨試著踏出一步就好。

| 杏花栗子 解讀範例 |

不知變通的人／太固執／太保守／動作慢／渴望進展

錢幣王后
QUEEN OF PENTACLES.

基本KEY WORD　**務實**

王后坐在寶座上，珍惜地抱著膝上的金幣。右下方的兔子表示豐盛多產，開花的大地則代表穩定。王后是守護家庭、居所、財產等事物的賢妻良母，是個務實沉穩的人。

QUEEN OF PENTACLES.

正位	逆位
務實的行動	**別太勉強自己**
表示務實穩定的狀態。感情上可能發展出以結婚為前提的交往關係；工作上則應腳踏實地，有望創造佳績。對金錢很敏銳，能妥善運用。	覺得生活太安逸且氣氛很沉重的時候，記得別太勉強自己。只要冷靜下來重新採取行動，就有機會改變平淡無趣的氣氛、人際關係或商務往來。
| 🐰 杏花栗子 解讀範例 |	| 🐰 杏花栗子 解讀範例 |
以結婚為前提交往／賢妻良母／正式的夥伴／以家為重的女性	態度消極／明哲保身／不擅長家務／害怕失去

錢幣國王
KING OF PENTACLES.

基本KEY WORD　**成功**

國王身穿華服，自在地坐著。寶座的金牛裝飾圖案象徵著物質方面的成功。這張牌表示在社會上取得巨大的成功，擁有財產、地位、權力。

KING OF PENTACLES.

正位	逆位
經濟穩定	**珍惜身邊的人事物**
升職、事業或投資成功、與社會名流結婚，享受經濟富裕的生活。你或許將得到高位者的幫助，情況好轉。能做出合理判斷，生活安定無虞。	當你物慾過高、凡事以利益為先時，請反省想法是否太偏頗了？財富雖然很吸引人，但也要好好珍惜身邊的朋友和夥伴，重視彼此的信任關係。
| 🐰 杏花栗子 解讀範例 |	| 🐰 杏花栗子 解讀範例 |
對象是經營者／財力／財富、地位、權力／出人頭地／務實穩健	小心太物慾／金錢並非一切／太偏重工作／注意破財

教教我！ 杏花栗子！
塔羅牌的玩法

塔羅牌有很多種玩法。
將塔羅牌融入生活，好好培養感情吧！

隨身攜帶當作護身符

神祕的塔羅牌隨時都是你的好夥伴。隨身攜帶塔羅牌可以幫助你堅定信念，冷靜行動。你可以把當天抽到的「單張牌」（詳見第88頁）帶在身上，設成手機的待機畫面，也可以放在卡夾、錢包或口袋裡，想怎麼放都沒問題。

房間的裝飾品

選擇喜歡的圖案、牌義或特別掛念的塔羅牌，當作房間的裝飾品也不錯。看著牌卡就能改善心情，更專注於目標。請自由選擇你喜歡的方式進行裝飾，例如放入相框或直接貼在牆壁上。當你不再被卡片吸引或忘記卡片的存在時，就表示已經不需要它了。

當作收藏品欣賞！

塔羅牌有很多種款式，從傳統圖案到第18頁的可愛圖案都有。收藏各式各樣的塔羅牌也是一種樂趣，可以收集命中註定的牌卡或喜歡的圖案，再根據占卜當下的心情選擇合適的牌卡、看著牌卡來獲得能量。以喜歡的方式熟悉塔羅牌，也能加深對牌義的解讀。

POINT

沒有詛咒或懲罰這種事！

當裝飾用的塔羅牌積了灰塵，或是走路時不小心折到卡片時，有些人可能會擔心遭到懲罰。請放心，絕對不會有詛咒或懲罰。塔羅牌並不可怕，只要將其視為幫助自己的工具就好。

Part

2

初學塔羅的樂趣

終於到了挑戰塔羅占卜的時候。
本章將介紹基本的洗牌、切牌方法，
以及牌陣的排列方式。
杏花栗子會親自解讀各項範例問題。

開始塔羅占卜

準備好塔羅牌就可以馬上開始占卜囉！
以下說明基本的占卜方法。

塔羅占卜的前置準備

本書開頭提過，原則上塔羅占卜的形式很自由，完全沒有既定的規則，不會因為做錯而受到懲罰。接下來將為你介紹基本的占卜方法，先熟悉基礎再隨心自由占卜是最好的學習方式。讓我們一起創造專屬的塔羅風格吧！

●身心放鬆的狀態

進行塔羅占卜時，投入太多精力或太緊張焦慮都不是好現象。不需要祈禱，也不用太小心謹慎。占卜時請保持放鬆並集中精神。此外，營造不易分心的環境也很重要。

●想占卜時再占卜

有人認為有適合塔羅占卜的時間，但其實想占卜的時候就能占卜。當你的心中有掛念的事時，不論是在深夜還是酒後都能詢問建議。塔羅牌隨時都能為占卜者提供合適的答案。

塔羅牌隨時都能傾聽我們的煩惱。以輕鬆的心情進行日常占卜有助於提升解牌能力。

塔羅占卜流程

Step1

決定問題

　　塔羅牌的占卜關鍵在於如何提問（提問方式請詳見第82頁）。在煩悶的情況下提出模糊的問題，只會得到模稜兩可的答案。雖然可以問「我未來的工作運勢如何？」這類模糊廣泛的問題，但明確的問題才能顯示出更清楚的答案，例如：「我能從約聘員工轉為正式員工嗎？」。

Step2

**決定牌陣
（牌卡的擺法）**

　　牌陣是指卡片的排列方式。塔羅占卜沒有明確的規則，但還是有幾種常用的傳統牌陣。本書介紹了適合初學者的基本牌陣，剛開始請多多練習各種不同的牌陣。如此一來，你就能根據問題選擇最合適的牌陣。

Step3

洗牌與切牌

　　塔羅牌的占卜方法是隨機抽牌以獲取建議。每一次占卜都要隨機交換牌卡，攪動牌卡的動作是洗牌；將牌卡分成幾疊並交換位置的動作是切牌。有些塔羅牌比撲克牌大張，因此建議採取在桌上混合牌卡的「麻將式洗牌法」。

Step4

排列牌陣

　　依照Step 2選擇的牌陣依序排列牌卡。這時不能更改牌卡的正逆方向，請從占卜者的角度直放牌卡，在心中默念問題並依序排列。牌卡可以維持正面朝下，或直接翻開正面圖案。翻牌時一樣要維持正逆方向，並從左右側翻牌。

Step5

解讀牌義

　　終於要開始占卜了。解牌時不需按照牌陣順序，可以從特別引起你注意的圖案，或是意義明確的牌卡開始解讀。仔細閱讀每張牌卡的過程中，請自由擴大想像力並持續延伸故事，塔羅牌顯示的建議和訊息會變得更多元。建議多花時間好好熟悉這部分。

釐清煩惱，理解自己

塔羅牌的提問關鍵在於主詞和目的要清楚明確，內容包括人物是誰、該怎麼做、未來如何發展。不過，人在苦惱的時候往往無法釐清自己為何而煩惱，也不清楚煩惱的本質是什麼。

面對塔羅牌之前，請先想想自己究竟想知道什麼，心中揮之不去的事又是什麼。重點在於自己想怎麼做，為了達到目的又該如何行動；請好好釐清煩惱，並進一步思考該如何向塔羅牌提問。急於知道結果的好壞，牌卡也不會顯示明確的答案。

釐清煩惱後你將會更了解自己，這時再搭配牌卡的建議來改變行動，未來自然會有所改變。

問題的基本形式 → 該怎麼做才能達到目的？

✕ 為什麼我交不到男朋友？
✕ 未來我會幸福嗎？

→

○ 我該怎麼做才能跟他在一起？
○ 為了和他在一起，我該注意哪些事？

如果只詢問原因或提供模糊不清的內容，牌卡只會顯示模稜兩可的答案。

請認真思考，提出更具體的問題。例如：我該怎麼做？我該注意哪些事？

●先占卜看看當下的狀態

開始正式占卜之前，建議先了解自己當下的心理狀態，再進行正式解讀。請以「單張牌」（第88頁）牌陣提問：「我現在的狀態如何？」先分析自己的狀態，看看自己是否很疲憊、狀況極佳，或者是否有人從旁協助。將這些結果納入考量可作為正式解讀時的線索，可能出現有共通點的牌或是擴大想像。

本書針對初學者介紹 7 種牌陣

一問一答，
輕鬆解答

 單張牌
→ 第 88 頁

結果牌與建議牌，
揭曉幸運提示

 兩張牌
→ 第 92 頁

過去、現在、未來，
釐清問題的脈絡

 時間之流
→ 第 96 頁

陷入兩難的時候
最適合使用

 二擇一
→ 第 100 頁

與特定對象
加深關係

 六芒星
→ 第 104 頁

揭開提問者與他人
的內心狀態

 凱爾特十字
→ 第 108 頁

快速了解
當月運勢

 月曆
→ 第 112 頁

洗牌與切牌的基本方法

洗牌、切牌的方法和規則有很多種，但原則上可以自由決定。洗牌的目的是均勻混合牌卡，你可以根據當天的心情變換洗牌方式，也可以多洗幾次，想怎麼做都行。

塔羅牌是很自由的占卜工具，但占卜的時候必須全神貫注。洗牌時要心無雜念，放鬆心情並集中精神。

請特別留意牌卡的上下方向。決定好方向後一定要從左右側翻牌，以免弄錯正逆位。請注意，不能根據當天的心情隨意更改翻牌方式。

 在桌上順時針洗牌 3 次以上。

所有牌卡背面朝上，放在占卜桌上。雙手順時針洗牌3次以上，將牌卡打亂。放鬆心情洗牌，直到你覺得均勻混合為止。

 整理牌卡

將洗好的牌收成一疊。你也可以用撲克牌的方式再次洗牌。繼續打亂牌卡直到滿意為止。

將牌卡分成 3 疊，再次收成一疊。

　　將牌卡分成 3 疊，以喜歡的順序收成一疊。可以橫向或直向切牌，左右手不拘。請以自己順手的方式切牌。

隨意堆疊

 決定上下方向，擺放牌陣

　　整理牌組，決定上下方向。按照你選擇的牌陣依序排列。為了確保牌卡的上下方向不變，請左右翻牌。

 幫別人占卜時
請提問者選擇上下方向

　　熟悉塔羅之後，我們可能會開始幫朋友占卜，以輕鬆的心情分享彼此的煩惱並進行占卜也別有一番樂趣。幫別人占卜時，請讓提問者決定牌卡的上下方向。牌陣則以占卜者方便的角度排列。

這種情況該怎麼辦？

Q & A

杏花栗子為你解答
塔羅初學者的常見問題。

Q 牌卡在洗牌過程中掉出來了，怎麼辦？

A 洗牌時或整理牌卡時，牌卡很容易飛出來。如果你很在意的話，也可以把掉出的牌當作解讀時的參考。如果你已經決定今天不採納掉落的牌，那就直接放回牌堆裡繼續洗牌吧。當你很在意掉出的牌，認為這張牌對解讀有幫助時，最好確認一下牌義喔。

Q 解牌時分心了，
可以重新來過嗎？

A 假如解牌時有電話響了，我會把這通電話當作一種暗示或訊號。我不只會留意電話內容，還會記住對方的電話號碼、來電時間的數字排列方式，並且回頭思考其中的意義。但是每個人的做法都不一樣，你也可以在分心時選擇從頭來過，重新調整狀態。這沒有正確答案，照自己的方法來處理就行了。

Q 牌陣的順序錯了，怎麼辦？

A 如果發現牌卡的順序錯了，我會把牌放回原位並重新排列牌陣。介意的人也可以重新洗牌。想從哪個步驟開始重來都沒問題，只要你不會覺得困擾就好。記得集中精神，維持住渴望解答的強烈心情。

 Q 占卜結果不好，好失落……可以重新占卜嗎？

A 不好的結果往往會讓人很不安。抽到無法接受的答案，就這麼結束占卜也不好，建議你再從牌組中抽一張牌，詢問原因：「為什麼會出現這樣的結果？」塔羅牌會告訴你導致壞結果的原因，例如你可能有被害妄想，或是因為過於焦慮不安所致。你也可以將這些結果納入考量，並且重新占卜一次。

 Q 塔羅牌有固定的保存和銷毀方式嗎？

A 有些人可能會過度謹慎地使用塔羅牌，但其實只要以自己能接受的方式保存就行了。不過，最好還是採取乾淨保存的方法，避免牌卡散亂不完整，或是表面又濕又髒。請放心，就算牌卡破損也不會被詛咒或懲罰。因為這表示它已經完成任務了。假如塔羅牌不齊全，就準備一副新的牌吧。

單 張 牌

使用牌卡
大阿爾克納22張

一問一答的訊息指引

在心中默念問題，憑直覺抽出一張解答。

占卜範圍很廣，可以分析今日運勢、對方的心情、未來的走向或建議等。

一個問題抽一張牌。

占卜方法

1 洗牌並切牌，決定牌卡的上下方向，收成一疊。在心中默念問題。

2 翻開牌組最上面的那張牌，或者將牌卡攤開，從中抽出一張牌。

單張牌的意義

憑直覺選出一張牌，牌卡會針對你心中的疑問給予明確的答案。單張牌卡是最輕鬆簡單的占卜方法，當你想得到直接的建議，或是想馬上知道答案時，很適合使用這個方法。每日一牌（第164頁～）的練習有助於占卜者熟悉牌義。

問題範例

● 今天的幸運色是什麼？

● 我可以傳訊息給在意的人嗎？

● 雖然工作狀況不錯，但未來會順利嗎？

POINT

塔羅牌可以回答任何問題，但重點在於提問的內容要明確，想知道的事要說清楚。為了避免問錯問題，你可以在心裡仔細默念問題或直接說出來，請選擇自己喜歡的方式。

新手建議

**單張牌很簡單，
初學者也能挑戰！**

單張牌非常適合初學者練習。不僅可以得到明確的答案，還能藉此熟悉牌卡的用法和解讀方法。

**持續練習
就能培養靈感**

單張牌分析法可用來當作延伸解釋的練習。占卜者可以在思考牌義的過程中培養靈感。

單張牌
SAMPLE **A**

今天過得如何？

教皇 [逆位]

Answer 1 今天可能找到答案

今天你會找到心中的答案。當你為某件事感到不安，心裡疑神疑鬼時，今天請好好放鬆休息。休息過後一定能找到答案。

力量 [正位]

Answer 2 可能建立長久深厚的關係

一直以來不順利的事將有所突破。可能跟某人的關係更密切，彼此能互相理解或產生共鳴，今天似乎是很棒的一天。這段緣分可能對未來大有幫助，請好好珍惜。

單張牌
SAMPLE B

打工的面試順利嗎？

世界 正位

**一定會成功，
成果超乎預期**

這張牌表示事情完成和目標達成。打工面試一定會成功。你將在應徵的職位中從事理想的工作。此外，職場環境和人際關係都不錯，即將展開全新人生。

隱者 逆位

**善用自己的長處
就不會有問題！**

一直胡思亂想的時候就會出現這張牌。你沒有信心嗎？要相信你沒問題的。只要珍惜自己的特質，以自己的方式在專業部門或專長中發揮長才，一切都會很順利。請把專業技能當作你的武器吧。

兩張牌

使用牌卡
大阿爾克納22張or
整副牌78張

簡單明瞭的結果與應對辦法

兩張牌陣相當適合用於預測未來，或是得知幸運提示或建議。

請比對牌卡的組合及圖案的意象，並深入分析結果和應對方法。

結果

辦法／建議

占卜方法

1

洗牌並切牌，決定牌卡
的上下方向後收成一疊。

2

將牌組上面數來第7
張牌放在①。

3

接著將第8張牌放
在②。

兩張牌陣的意義

⟨1⟩ 結果

揭示問題的發展結果。其中隱含著事情發展至此的原因。

⟨2⟩ 辦法

針對結果⟨1⟩的建議和應對辦法,告訴我們該怎麼做。

問題範例

- 我跟喜歡的人告白會成功嗎?
- 我可以把撿到的小貓留下來養嗎?
- 減肥不順利是因為我用錯方法嗎?
- 休假日該如何過得有意義?

POINT

兩張牌陣的占卜範圍很廣,可以詢問戀愛、工作、人際關係、興趣等方面的事。這個牌陣的特色在於不論「結果」如何,塔羅牌都會提出更好的應對「辦法」。為了避免上下方向錯誤,請左右翻牌。

新手建議

**先熟悉
大阿爾克納牌**

理想的解牌方法是,從兩張牌的牌義中找出關聯並加以延伸解釋。先單獨用大阿爾克納練習占卜,慢慢熟悉牌卡吧。

**比對牌面,
留意共通點**

比對兩張牌的圖案,尋找共通點並延伸解釋。此外,也要留意兩張牌的整體印象。

兩張牌 SAMPLE A 　我該聯絡前男友嗎？

Answer 1　你們似乎正在想同一件事

戀人 [正位]　　死神 [逆位]

可以聯絡對方。「戀人」牌表示對方也在想你的事。對方跟你一樣陷入兩難，不知該結束這段戀情，還是該堅持下去。雙方都想採取行動卻又辦不到，所以你可以主動聯絡對方。你們會好好商量未來的事，放心吧。

Answer 2　目前還在思考，再等一下吧！

權杖一 [逆位]　　寶劍一 [逆位]

逆位「權杖一」表示對方正在梳理心情。在對方平靜下來之前，再等一下比較好。出現兩張「一」表示你們不會長期失聯，也不會毫無反應。你不會等太久的，耐心等待就行囉。現在別勉強自己，好好過生活吧。

杏花栗子
解牌示範

兩張牌
SAMPLE B

我好猶豫，
該不該買洋裝？

Answer 1 兩件都買，
展現自我風格

節制 正位

戰車 正位

你想買的洋裝是不是有兩件？兩件都可以買下來喔！「節制」牌有兩者兼顧的意思，兩件洋裝穿起來都很好看，這筆開銷將帶你通往未來。「戰車」牌有展現自我風格的意思，你可以兩件都買。如果超出預算的話，建議這個月先買一件，下個月再買另一件。

Answer 2 誠實面對
你想要的心情

星星 逆位

魔術師 正位

從逆位「星星」牌來看，這件洋裝你是不是本來很想買卻買不起呢？既然這麼喜歡，那就是要你「買下去」的暗示。雖然你覺得太花錢或不適合自己，但心裡還是很渴望這件洋裝，那就好好重視自己的感受，買下來吧。

時間之流

了解運勢發展與未來變化

分析過去、現在、未來的運勢發展，及煩惱與課題的變化。
想了解自己或他人的真實心意、關注時間流變的時候，
很適合使用時間之流牌陣。

過去
（原因）

現在
（結果）

未來
（建議）

占卜方法

1
洗牌並切牌，
決定牌卡的上
下方向。

2
移開牌組最上面
的6張牌，將第
7張牌放在①。

3
接著將第8張牌
放在②。

4
第9張牌放在③。

時間之流牌陣的意義

〈1〉過去（原因）

煩惱的原因、過去的狀態及占卜者當時的心情。

〈2〉現在（結果）

目前的情況、占卜者當下的心情及運勢。此外，有時表示內在的真實心理狀態或問題點。

〈3〉未來（建議）

不久後的未來（大約3個月）可能發生的事。有時也能分析出問題的應對方法。

問題範例

● 我跟男友吵架了，該怎麼做才能和好？

● 我跟打工地方的前輩處不好，有機會改善嗎？

● 不管做什麼都不順利，未來的運勢如何？

POINT

時間之流牌陣會透過過去和現在來了解事情的原因和結果，並根據因果內容來分析不久後的未來發展，並藉此獲得相關建議。適合探求原因與解法的問題。

新 手 建 議

**為什麼要移開6張牌
並抽出第7張牌？**

東西方都深信數字「7」具有特別的涵義。根據舊約聖經的記載，上帝花了7天創造世界。此外，也有人認為7隱含著宇宙的週期和頻率。因此在塔羅占卜中第7張牌也別具意義。

**注意3張牌
之間的關聯**

時間之流牌陣的分析關鍵，在於解讀完每張牌的意義後找出3張牌的共通點，看清事情的發展。你可以觀察花色、數字，留意牌面是否有相同圖案或感受整體印象，並加以延伸解釋。

時間之流 SAMPLE A　喜歡的人不回我訊息，之後會如何發展？

Answer 1　依照自己的步調，等待下去就對了！

女皇
正位

皇帝
逆位

太陽
正位

營造出你「不在意」對方的氛圍，依循自己的步調耐心等待即可。從結果「太陽」牌來看，對方其實很喜歡你，他只是不敢誠實面對自己的心意而已。所以你不需要為對方而活，在社群媒體分享充實的生活，展現你的個人特質，總有一天對方會主動聯絡你。

Answer 2　用社群媒體傳訊息，等待回應

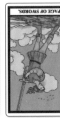

女皇
正位

寶劍侍者
逆位

聖杯國王
正位

對方似乎很喜歡看你在社群媒體上開心的模樣，沒回覆你只是因為錯過時機而已。所以請在社群媒體上多多分享你喜歡的事吧！對方會一邊觀察情況一邊接近你的。「聖杯國王」表示對方可能對你表達心意，建議繼續等待。

杏花栗子
解牌示範

時間之流
SAMPLE B

Part 2
初學塔羅的樂趣

我很不會存錢，想知道未來的財運如何

從小額儲蓄開始，存錢可能成為興趣

命運之輪　　魔術師　　惡魔
逆位　　　　正位　　　正位

你並不是沒有財運，純粹是你太浪費錢。存錢的第一步就是立定目標。你可以從做得到的事開始練習，比如每天存30元，說不定你會意外地投入。「惡魔」牌暗示你將愛上儲蓄，你會變得很講究，甚至提高金錢目標。理財有可能成為你的興趣。

改變不會存錢的信念，財運就會變好

錢幣侍者　　錢幣國王　　錢幣九
逆位　　　　正位　　　逆位

「錢幣侍者」表示你不擅長儲蓄，只要克服這點就會更懂得儲蓄。既然知道自己不會存錢，那就要有所自覺，嘗試了解儲蓄相關資訊並努力精進。掌握儲蓄的訣竅就有機會帶來長久的財運，試著改變你的想法吧！

二擇一

適用於面臨兩難的時候

當你不知道該選擇A還是B的時候，

二擇一牌陣能顯示出各自的未來發展。

有些牌卡還會提供選項以外的其他答案。

本書介紹的「二擇一」牌陣需使用8張牌。

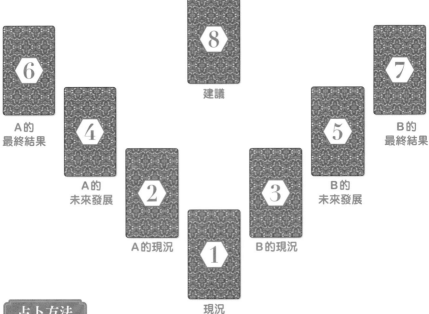

⑧ 建議

⑥ A的
最終結果

④ A的
未來發展

⑦ B的
最終結果

⑤ B的
未來發展

② A的現況

③ B的現況

① 現況

占卜方法

1 洗牌並切牌，決定牌卡的上下方向。先在心中設定好A、B選項。

2 移開上面的6張牌，依序在①②③④⑤放牌。再移開6張牌並在⑥放牌，再移開6張牌並在⑦放牌；最後移開6張牌，在⑧放牌。

※只用大阿爾克納占卜時，以同樣的方式擺放⑤以前的牌，接著移開6張牌，繼續在⑥、⑦、⑧放牌。

二擇一牌陣的意義

①現況

表示目前的情況,呈現為選項煩惱的占卜者當下的心情或態度。

②A的現況

選項A目前的情況。如果該選項是指某個人,就表示他的心情或態度。

③B的現況

選項B目前的情況。如果該選項是指某個人,就表示他的心情或態度。

④A的未來發展

做出A選擇後,不久將發生的事或情況的發展。

⑤B的未來發展

做出B選擇後,不久將發生的事或情況的發展。

⑥A的最終結果

選擇A之後的最終情況或結果。

⑦B的最終結果

選擇B之後的最終情況或結果。

⑧建議

根據前面幾張牌面的內容,提出整體性建議。

問題範例

- 我很猶豫旅遊地點該選A還是B。
  選哪一個玩得比較開心?
- 認識多年的A,跟積極追求、很有魅力的B。
  選哪一位才能獲得幸福?
- 我不知道該怎麼選公司的派對場地。
  A很氣派,B很別緻,該選哪一個?

POINT

選項可以是人物、事件或地點。憑直覺將你猶豫的事情分別設定為牌陣的A與B選項。

二擇一 SAMPLE A

我對兩個人都有好感，該向哪一位告白呢？

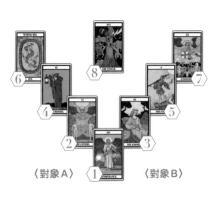

〈對象A〉　　　　　　〈對象B〉

① 節制 正位　　② 戀人 正位
③ 女皇 正位　　④ 隱者 正位
⑤ 愚者 正位　　⑥ 世界 逆位
⑦ 審判 正位　　⑧ 高塔 正位

Answer 1　兩人都是好緣分，選你喜歡的

雖然這兩個人都渴望婚姻，但立場卻不一樣。A的「隱者」牌表示他會認真考慮未來的事，但可能需要花更多時間；B則是「愚者」牌，他希望繼續維持感情，有機會發展成安全感十足的戀情，你將忘記過去的創傷。選擇你喜歡的愛情風格就能得到幸福。

〈對象A〉　　　　　　〈對象B〉

① 錢幣八 逆位　　② 寶劍國王 逆位
③ 聖杯二 正位　　④ 權杖九 正位
⑤ 寶劍五 逆位　　⑥ 寶劍三 正位
⑦ 聖杯侍者 正位　　⑧ 力量 正位

Answer 2　選擇更容易引導的一方

你似乎沒辦法專注在其他事情上。A是比較不坦率的類型，而且警戒心較強、個性敏感，建議你扮演療癒者的角色來引導對方；B則是善於溝通又能輕鬆相處的對象。他喜歡怦然心動的戀愛，能與你分享純粹的感受。「力量」牌建議你選擇比較好相處的對象。

二擇一 SAMPLE B

杏花栗子
解牌示範

要搬到 A 公寓還是 B 大樓呢？

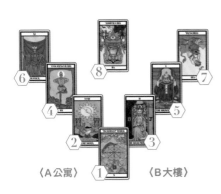

〈A公寓〉　〈B大樓〉

① 命運之輪 逆位　② 月亮 正位
③ 女祭司 正位　④ 吊人 逆位
⑤ 教皇 正位　⑥ 正義 正位
⑦ 力量 逆位　⑧ 戰車 逆位

Answer 1　先找出你能接受的條件再決定

逆位的「命運之輪」表示你可以晚點再決定搬家地點。你是不是比較想住 B 大樓？雖然 A 公寓的房租便宜、環境合適，但感覺是一種妥協方案，B 大樓更符合你的理想條件。不過，B 大樓的交通可能比較不方便。再想一想你的優先條件有哪些，就能找到滿意的住處。

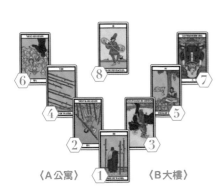

〈A公寓〉　〈B大樓〉

① 權杖三 正位　② 權杖七 逆位
③ 錢幣騎士 逆位　④ 權杖八 正位
⑤ 聖杯四 正位　⑥ 聖杯七 逆位
⑦ 教皇 逆位　⑧ 錢幣二 正位

Answer 2　尋找負擔不重的搬家地點

你的目標似乎是一定要找到好住處。雖然 A 公寓需要注意鄰居問題，但條件很實際；B 大樓令人在意的是保養費很高，可能需要提高收入。「錢幣二」建議你仔細考慮，選擇負擔較小的那一間。

SPREAD 5

六芒星

使用牌卡

大阿爾克納22張or
整副牌78張

深入占卜你與特定對象的關係

六芒星牌陣適合分析感情契合度、戀情發展或人際問題的解決方法。

用牌卡排出兩個三角形組成的六芒星圖案。

正三角形是與時間有關的提示,倒三角形則表示雙方的心情和建議。

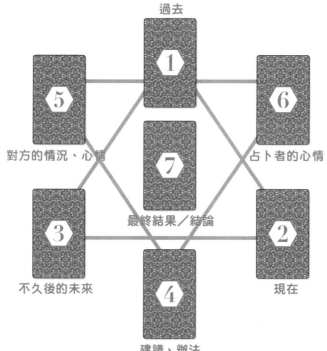

過去
①

5
對方的情況、心情

6
占卜者的心情

7
最終結果／結論

3
不久後的未來

2
現在

4
建議、辦法

占卜方法

❶ 洗牌並切牌,決定牌卡的上下方向後收成一疊。

❷ 上數第7張牌開始,在①、②、③放牌,再上數餘下的第7張牌開始在④、⑤、⑥、⑦放牌。

六芒星牌陣的意義

①過去

表示兩人的關係和過去的情況。其中隱含著事情演變至此的原因。

②現在

表示兩人之間的現況和關係。可以看出雙方的內心想法。

③不久的未來

兩人在不久後將如何發展。觀察③和⑦是否出現有發展性的牌卡，並加以解釋。

④建議、辦法

未來該如何應對才能往好的方向發展。先分析⑤和⑥再解讀建議牌會更好。

⑤對方的情況、心情

對方對此問題抱持的心情。跟⑥一起解讀就能釐清雙方的權力關係。

⑥占卜者的心情

你對此問題的真實想法。跟⑤一起解讀就能找到問題的源頭。

⑦最終結果／結論

預測最終的結果。表示經過③以後，事情將如何發展。

問題範例

- 另一半對我若即若離，我們之間會變成怎樣？
- 對方在交往後馬上向我求婚，我該怎麼辦？
- 丈夫反對我重新開始工作，該怎麼溝通？

POINT
六芒星牌陣會揭示對方的心情，並提供解決方法。

新手建議

適合討論簡單的問題　六芒星牌陣適用於一對一的簡單人際關係。牌陣的特色在於容易理解，清楚呈現每個項目的內容。

六芒星 SAMPLE A

我能跟現在的男友成功結婚嗎？

Answer 1

可能被求婚，
請靜候佳音

你以前似乎很容易依賴愛情，但現在已經不會這樣了。對方正在思考該如何面對你們的將來。你也正打算表達自己的真心話並付出行動。最後出現的「正義」牌表示對方近期可能提起結婚的話題，你們有機會結婚，請靜候佳音。

① 惡魔 [逆位]　② 隱者 [逆位]
③ 高塔 [逆位]　④ 命運之輪 [逆位]
⑤ 吊人 [逆位]　⑥ 月亮 [逆位]
⑦ 正義 [正位]

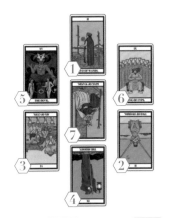

Answer 2

試著提醒對方
好好考慮結婚的事

你似乎從以前開始就在思考兩人的未來，但對方感覺不夠老實，讓你沒有安全感。你有些在意男友過去的戀愛經驗。「惡魔」牌表示他對你很執著，也很依賴你。雖然你們最後有可能結婚，但還是建議你下定決心，由你來提醒一下對方會比較好。

① 權杖二 [正位]　② 寶劍二 [逆位]
③ 聖杯六 [逆位]　④ 隱者 [逆位]
⑤ 惡魔 [正位]　⑥ 聖杯九 [正位]
⑦ 權杖國王 [逆位]

六芒星
SAMPLE B

同好會的經營夥伴
值得信賴嗎？

杏花栗子
解牌示範

Answer 1 他能站在平等的
立場來協助你

你曾經為了同好會的活動而內心受傷，所以絕對不想再遭遇同樣的事。從逆位「力量」牌和「魔術師」牌來看，現在的搭檔雖然比較笨拙，但能夠站在對等的立場來支持你。請放心，總有一天你會親身感受到他真的是值得信賴的人。

①審判 正位　②愚者 正位
③戰車 逆位　④戀人 逆位
⑤力量 正位　⑥女祭司 正位
⑦魔術師 逆位

Answer 2 出現絕頂聰明的搭檔

過去的經驗是不是讓你不敢相信他人？現在想起遭人背叛的經驗還是覺得很痛苦？你的搭檔會在一旁關照你，是很值得信賴的人。他能接受最真實的你，而且腦筋很好，你可以對他表達真實想法。「寶劍王后」表示他不論在技術或精神方面都能堅定地支持你。

①戀人 逆位　②寶劍十 正位
③錢幣五 正位　④戰車 逆位
⑤錢幣三 逆位　⑥聖杯十 正位
⑦寶劍王后 正位

凱爾特十字

使用牌卡
大阿爾克納22張 or
整副牌78張

深入了解自身的情況

可分析周遭的人、對方的心情或情況，並且關注自身狀態。
此外，還能看清過去到未來的發展、自己未察覺的事、
沒把握的事或被隱藏的癥結點。

對方的表意識

 對方的情況

⑩ 最終結果

⑨ 對方的期望

⑧ 對方與周遭的情況

⑦ 占卜者的真實心意

過去　　　阻礙（左側為「上」）　不久後的未來

對方的潛意識與感受

占卜方法

❶ 洗牌並切牌，決定牌卡的上下方向後收成一疊。

❷ 只有在⑦放牌時，需將牌組上面的6張牌移開，擺入第7張牌。

凱爾特十字牌陣的意義

① 對方的情況

表示目前的情況或具體的煩惱。同時暗示占卜者本身未覺察的事。

② 阻礙

表示此問題所引起的阻礙與考驗。如周遭環境或必須克服的問題。

③ 對方的表意識

對方自己認知的感受，或是清楚的事情。

④ 對方的潛意識與感受

暗示對方沒有意識到的事或想法。可能透露出對方的真實期望，或是隱藏在問題背後的事。

⑤ 過去

與問題有關的過去情況，也能看出問題的原因。

⑥ 不久後的未來

情況持續下去後，事情將如何發展。可看出問題的近期變化。

⑦ 占卜者的真實心意

呈現占卜者的真實心意，是面對自身感受的好機會。

⑧ 對方與周遭的情況

顯示對方或旁人的想法。也能看出是否有人從旁協助。

⑨ 對方的期望

透過③、④的牌義暗示對方的期望，以及未來的心情變化。

⑩ 最終結果

最終結果。出現與期望不符的牌時，可以再抽一張建議牌。

問題範例

- 我在公司裡孤立無援，之後該怎麼做？
- 我惹朋友生氣了，他生氣的原因是什麼？
- 媳婦不來家裡玩，我該怎麼應對？

凱爾特十字
SAMPLE

最近受傷、生病又離婚，遭遇許多挫折，我該如何改變現狀？

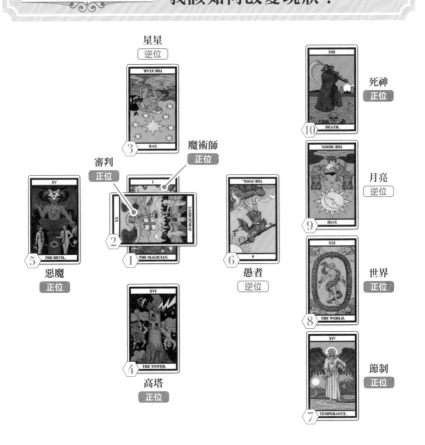

星星
逆位

死神
正位

魔術師
正位

審判
正位

月亮
逆位

惡魔
正位

愚者
逆位

世界
正位

高塔
正位

節制
正位

Answer
1

渴望改運的念頭
已是很好的轉機，
請繼續保持

　想改變運勢的想法本身就是一件好事。儘管面臨艱苦的命運，你還是希望人生能出現轉機。雖然過去遭遇許多挫折，但那些痛苦將在不久後逐漸淡化。你無意間做的事情將影響運勢，身處的環境也會有所改善。「死神」牌表示現在的做法沒有問題，好運會來到你身邊。

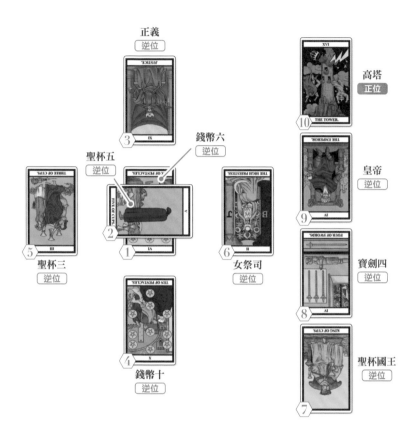

正義
逆位

錢幣六
逆位

聖杯五
逆位

聖杯三
逆位

女祭司
逆位

錢幣十
逆位

高塔
正位

皇帝
逆位

寶劍四
逆位

聖杯國王
逆位

Answer
2

好好重視自己，
試著求助於旁人

　　你經常犧牲自己並體貼周遭的人。「正義」牌表示你認為自己必須改變，也期待人生的轉變。過去的你在人際關係上過得很辛苦，未來將突然出現能夠理解你的人，周遭的人也會對你伸出援手。因此你要更重視自己，並且等待環境發生變化。

月 曆

快速占卜一個月的運勢

依照當月的月曆排列牌卡,進行每日運勢占卜。

建議將結果記在筆記本裡,並且每天看看占卜的內容。

覺得月曆牌陣太多張的話,新手可以在一週的開始前排列7張牌,

並以同樣的方式進行分析。

9

SUN	MON	TUE	WED	THU	FRI	SAT
			1	2	3	4
5	6	7	8	9	10	11
12	13	14	15	16	17	18
19	20	21	22	23	24	25
26	27	28	29	30		

①	②	③	④			
⑤	⑥	⑦	⑧	⑨	⑩	⑪
⑫	⑬	⑭	⑮	⑯	⑰	⑱
⑲	⑳	㉑	㉒	㉓	㉔	㉕
㉖	㉗	㉘	㉙	㉚		

占卜方法

1 洗牌並切牌,決定牌卡的上下方向後收成一疊。

2 移開牌組最上面的6張牌,從第7張開始在①依序排列。請按照當月的月曆位置放牌。

112

月曆牌陣的意義

每一天的對應牌卡表示當天的運勢。你可以在安排行程時參考牌卡，決定當天該看牙醫、去美髮店或與重要客戶預約時間；提醒自己今天要小心措辭，像這樣當作生活指引也不錯。將占卜結果記在行事曆或筆記本裡會更方便。

新手建議

在一天結束時
回顧占卜結果

在牌卡的暗示下過完一天的生活後，建議你回顧一下，思考牌卡和今天的因果關係。比如今天的某個場景跟「隱者」牌有關聯，像這樣延伸你對牌卡的想像吧。

在每月的1日
或新月的日子占卜

每個月的1日很適合占卜，可以看出自己一整個月的行動指標，釐清目標或應該留意的事。此外，也推薦你在「新月」的日子占卜，解讀會更加清晰。

將當日的牌卡
作為護身符

推薦你將當天的牌卡帶在身上當作護身符，或是設成手機的待機畫面。透過塔羅牌找出讓自己保持平靜、改善心情的方法吧。

\ 教教我！　杏花栗子！ /

提升解牌能力的訣竅

實際開始塔羅占卜後，有時可能會不知道該如何解牌。
如何提升解牌能力？

想占卜時就占卜看看吧

塔羅占卜是很神祕奇妙的工具，結果將明顯反映出你的心情或精神狀態。不需要強迫自己拚命練習，在能力範圍內依個人步調進行占卜才是基本做法；想占卜時再占卜，有煩惱時再詢問塔羅牌即可。只要在想抽牌時抽牌並保持放鬆專注，就能加強解讀能力喔。

從單張牌陣開始熟悉牌卡

第88頁、第164頁介紹的單張牌陣每日運勢占卜，可用來練習記住牌義。請調整狀態，每天積極嘗試抽牌吧。當你產生今天也「必須抽牌」的心情時，就會搞不清楚牌義或覺得愈來愈辛苦。這時請休息一下，等調整好心情後，改天再解牌。

FABLE HEDGEHOG TAROT ／Ⓐ

在已知結果的前提下進行占卜會更好

如果想加強解牌時的直覺力，建議在自己狀況好的時候參考已知消息。例如當日天氣、某人的婚事等，已知結果能幫助你解讀抽到的牌並核對答案。將解牌結果整理成筆記，就能看出每張牌的解讀趨勢，占卜自身時也一定有用。

Part

3

實際案例解析

杏花栗子將根據實際的諮詢案例
為你介紹解牌結果。
一起參考專家的觀點和解讀方式吧。

諮詢 1　婚後我很難融入居住地

> 我在婚後搬到丈夫家鄉的市中心生活。我從小生長在充滿大自然的悠閒鄉間，現在的住處對我來說太都市化了，實在很難適應環境。我當然很愛丈夫，但還是很難喜歡上目前的住處，每天都過得不開心。請問該怎麼辦才好呢？
>
> （30多歲／女性）

SPREAD 1　單張牌

提問 ▶ 首先我應該怎麼做？

聖杯二 逆位

先跟丈夫認真商量看看

向妳的丈夫表達現在的心情會比較好喔。妳似乎正在獨自煩惱。因為這是丈夫從小長大的地方，而妳很喜歡他，所以很難說出自己的想法？這張牌想告訴妳，先試著跟丈夫討論，你們就能一起找出改善的方法。妳可能還沒有跟丈夫充分談過這件事，所以才會愈來愈挫折，不知該如何是好而只能不停煩惱。請慢慢跟對方聊一聊。

追加提問 ▶ 有改善的方法嗎？

 SPREAD 1 單張牌

寶劍九 [逆位]

妳不必勉強自己喜歡都市

妳不必勉強自己去改變「不喜歡都市」的想法，也不需要去喜歡都市。不用要求自己非得愛上這個地方。先承認自己不喜歡這個都市也無法融入其中，並且接受這份心情，然後再跟丈夫討論未來該怎麼辦，兩人一起調整現況會比較好。如此一來，未來將出現大幅變化。這張牌暗示妳將找到能放鬆心情的好住處，或是找到改善的方法。

 Answer

正視自己無法融入都市的心情，
兩人一起重新調整生活。

Hint 追加提問可以重新洗牌

占卜者有時會想在單張牌陣中追加其他問題。這時可以重新洗牌再選出喜歡的牌。無法接受占卜結果的時候，詢問塔羅為什麼會出現這個結果，你將會找到解決方法。

我沒有任何媽媽朋友，感覺好不安

> 我是已結婚生子的40歲家庭主婦。我認識的媽媽朋友幾乎都是20多歲的年輕人，因為年齡差距而聊不起來，所以沒有任何媽媽朋友，總覺得這樣孩子很可憐。該怎麼做才能交到媽媽朋友呢？我很煩惱。
>
> （40多歲／女性）

SPREAD 1 單張牌

提問 ▶ 該怎麼做才能交到媽媽朋友？

世界　正位

尋找有共同興趣的夥伴

這是一張很好的牌。就結論而言，妳不需勉強自己結交媽媽朋友。與其刻意與孩子的托兒所、幼稚園相關人士交朋友，不如透過妳喜歡的事來結交新朋友。如果妳已經有喜歡做的事，可以加入同好團體；如果妳沒什麼愛好，就開始探索新事物、在新團體中交朋友吧。妳應該會因此交到不分年齡、個性合得來的朋友。這樣的朋友一定能讓妳放鬆心情，以自己的步調過生活。

聖杯國王 正位

保持堅定就對了

這張牌強調妳要保持堅定，活出自己就不會有問題。「世界」和「聖杯國王」都是表示從容的牌。妳比身旁的其他媽媽更年長，應該是個很可靠的人吧。所以妳只要堅定立場，保持自然的態度就好。不必勉強自己加入人際交流圈。比如說，當妳在幼稚園的活動中見到孩子同學的家長時，只要以正常輕鬆的態度聊天，就能認識一些人。只要在過程中與他人自然交流即可，如果還是覺得很不安，建議妳利用興趣或喜歡的事來交朋友比較好。人處於最舒適的狀態時，環境就會自然改善。

Answer
**別忘了妳的個人特質，
有共同興趣的朋友就沒問題。**

我跟公司的主管合不來，應該辭職嗎？

> 我在一家令人嚮往的廣告公司工作了5年，做得很有成就感。但今年被換了單位，跟現在的直屬主管實在合不來。我完全沒辦法尊敬他，但又覺得只要之後換單位就沒事了，我不知道該馬上轉職還是繼續忍耐，好迷惘。公司是大型企業，總覺得離職很可惜。　　（20多歲／女性）

SPREAD 1　單張牌

提問 ▶
我該如何看待
目前的狀態？

V

FIVE OF CUPS.

聖杯五 正位

妳似乎已經有轉職的念頭了

妳的心裡是不是很想轉職？雖然妳很煩惱該轉職還是該繼續做這份工作，但從牌面來看，妳心裡更偏向轉職。雖然妳說離開大企業很可惜，只要換單位就好，但其實妳早已知道自己在其他公司也能做得很好，而且還是有其他的解決方法。事實上，妳是一個換了公司也能大放異采的人。成為自由工作者似乎也能表現得很好，不需要被公司綁住喔。

追加提問 ▶ 我該離開目前的公司嗎？
還是應該留下？

錢幣侍者 逆位

如果要轉職，就要先做好準備

　　與其思考現在該怎麼做，妳更應該開始做相關的準備；如果妳打算轉職，最好先在其他公司或工作關係中建立人脈。至於之後該怎麼做，妳可以花時間慢慢思考。這張牌並不是在建議妳轉職，而是提醒妳如果有換公司的想法，就要在目前這家公司裡一邊工作一邊做準備，等到哪天不得不離職時就不會留下後續問題，可以順利轉職。

　　至於該轉職還是該繼續做下去，妳必須自己做出選擇，我沒辦法給出解答。聽完這次占卜的回答後，希望妳能重新思考哪一個選擇更好。

Answer
如果要轉職的話，
趁還在這間公司時做好萬全準備。

如何維持身心健康？

我的身心健康狀態有時會失衡，每隔3年會生一次大病。該怎麼做才能讓身心一直保持活力？我想知道適合自己的方法。

（20多歲／女性）

SPREAD 2　兩張牌

提問 ▶ 第一步我該怎麼做？

❶ 結果
節制 正位

❷ 建議
寶劍侍者 逆位

試著放鬆心情，稍微改變想法吧？

妳似乎是很嚴以律己的人。牌面顯示妳的身心狀態是平衡的，但我並不是在否定妳。妳平時會認真調整身心狀態，但對自己很嚴格，太執著於追求更好的身心狀態。每3年生一次大病，代表3年只會出現一次身體不適。只要稍微改變想法，情況就會完全不一樣，試著多加留意吧。

權杖十 〔逆位〕

別獨自承擔所有事，休息一下吧

妳是不是正在承受很大的負擔或壓力？也許妳是很有責任感的人，所以才會對自己格外嚴厲，要求自己付諸行動或注意身體健康，妳可能會因為想太多而精神不佳。覺得身體狀況不好時就應該暫時休息，這是對妳很重要的事。

比方說，當妳想著必須把工作做到某個程度時，請稍微放寬標準，告訴自己不需要做到那種程度，休息一下也沒關係。光是這樣就能夠改變身心狀態。妳平時是個非常努力的人，想必已經試過很多方法了，如果還是不順利的話，先接納並呵護自己也很重要喔。

Answer

覺得痛苦時，要不要暫停休息一下？
多多寵愛自己吧。

我想要買房，
請問有什麼好的建議嗎？

我和丈夫正在討論買房的事。我們希望盡量在半年內簽約，但一直找不到心儀的決定性物件，沒辦法做出決定。畢竟這是人生中最重大的一次買賣，金額方面也需要多加考量，所以我們變得很小心謹慎。請問購買如此高額的物品時，該如何做決定呢？　　　　　　　　　（30多歲／女性）

SPREAD 2　兩張牌

提問 ▶ 我應該注意什麼地方才能找到好物件？

❶ 結果
寶劍一 逆位

❷ 建議
寶劍七 逆位

相信自己的直覺就對了！

不要想得太深入，選擇妳覺得不錯的物件即可，牌卡強烈建議妳相信自己的直覺。反過來說，在妳最有感覺的物件出現前，最好不要輕易妥協。無論如何一定要堅持，絕不能放寬標準。這個觀念是購買高額物品時的絕招喔。

 Answer

相信自己的直覺，在最有感覺的時候做決定！

我能遇到工作搭檔嗎？

去年受新冠肺炎疫情的影響而離職，開始一邊打工一邊經營部落格的生活。我希望認識在工作上能互相信賴的人，卻改不掉獨自承擔責任的習慣。我想知道未來會不會遇見工作搭檔。　　　　　　　　　　（40多歲／女性）

SPREAD 2　兩張牌

提問 ▶ **維持現狀有機會遇到工作搭檔嗎？**

ACE OF SWORDS.

❶ 結果
寶劍一 `正位`

KNIGHT OF WANDS.

❷ 建議
權杖騎士 `正位`

妳的努力方向是對的

就結論而言，妳將會遇到工作搭檔。妳習慣獨自面對問題，需要花一段時間才能敞開心胸，所以妳很擔心會遇不到工作搭檔。妳現在非常努力，不僅設立了部落格，還有在打工，這麼做是對的。正因為清楚自己的需求，所以時機一定會到來。

 Answer

總有一天一定會結識工作搭檔。

我真心喜歡上一位藝人，很在意未來的發展

諮詢 7

　　我有一個同居中的伴侶，卻真心喜歡上某位藝人。某一天，我在因緣際會下跟對方單獨見面，當天只是聊聊天就回家了。後來彼此一直保持冷淡，但我去看他的現場演出後，當天在他家過夜了……雖然我已經做好心理準備，但那天並沒有發生肉體關係，只有擁抱彼此而已。比起同居的伴侶，現在我更在意那位藝人，我想知道之後會如何發展。

（20多歲／女性）

SPREAD 3　時間之流

❶ 過去／原因
權杖騎士
正位

❷ 現在／結果
權杖九
逆位

❸ 未來／建議
愚者
逆位

❶ 問題的原因　權杖騎士 正位

妳想談戀愛的動機提高了。對方也喜歡妳。

❷ 問題的結果　權杖九 逆位

妳目前似乎有事情必須處理。
要不要檢視一下妳與現任的關係呢？

❸ 未來與建議　愚者 逆位

對方想回應妳的感情，他不打算以隨便的心態跟妳交往。

想認真交往就要克服眼前的難題

　　首先，對方是喜歡妳的。但他是個直覺敏銳、警戒心較強的人，而且他個性很認真，不會隨便對粉絲出手。此外，他也擔心妳可能有其他對象，或是並未認真看待這段關係。如果妳希望跟對方認真交往，最好先重新檢視自己與現任的關係，這樣妳與對方的關係才有機會發展，要怎麼做由妳來決定。想清楚自己想怎麼做，徹底消除對方的不安，關係就會有所進展。

Answer

重新評估妳與伴侶的關係，情況將發生變化。

 Hint 出現大阿爾克納，表示更強烈的意義

　　用整副牌占卜時，有時會同時出現小阿爾克納和大阿爾克納。這時在解讀上需要加強大阿爾克納的意義。出現大阿爾克納的地方隱含著某種訊息，因此不僅要考慮到牌卡本身的意義，也要觀察小阿爾克納的符號，找出兩者之間的共通點。

我正在單戀線上英語會話課
的老師，我該告白嗎？

我正在單戀一位線上英語會話課的老師（日本人／男性／單身）。我上的是一對一個人課程，目前大概認識了半年。我們沒有直接見過面，但每次上課都會讓我愈來愈喜歡他。我很希望彼此能兩情相悅，可是一想到告白後可能被討厭就好害怕。該怎麼做才能讓他也喜歡上我？

（40多歲／女性）

SPREAD 3 時間之流

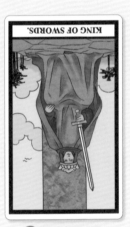

❶ 過去／原因
世界
逆位

❷ 現在／結果
寶劍國王
逆位

❸ 未來／建議
權杖九
逆位

❶ 問題的原因　世界〔逆位〕

這張牌表示你們還沒形成兩人世界。未來可以繼續加深關係。

❷ 問題的結果　寶劍國王〔逆位〕

目前關係還沒有進展，告白或許還為時過早。妳可以做其他嘗試，比如增加網路世界以外的互動。

❸ 未來／建議　權杖九〔逆位〕

先做好準備再繼續前進。可以單獨見面看看，先互相認識彼此再告白會比較好。

先創造兩人世界，再展開行動

　　妳和對方現在還處於建立關係的階段。目前的關係發展還不錯，但你們還不夠了解彼此。先加深關係再走下一步，進展應該會更順利。妳可以跟他傳訊息，聊聊課程以外的事或製造實際見面的機會，先循序漸進地相處再告白比較好。妳和對方只差一步就能完成兩人的世界。對方也想進一步了解妳，妳可以自行決定是否行動。歡迎參考看看。

**Answer**

先實際見面，一步步認識彼此後再告白。

我從來沒交過男朋友，未來會遇到好對象嗎？

我活到現在還沒跟任何人交往過。但是，為了90歲的祖父也為了自己，我有了結婚並組建家庭的想法。我註冊了交友APP、請朋友介紹對象，嘗試增加邂逅的機會，但不要說結婚了，現在連男朋友都沒有。我未來會遇到好對象嗎？可能結婚嗎？請給我一些建議。

（30多歲／女性）

SPREAD 3 時間之流

❶ 過去／原因
寶劍七
正位

❷ 現在／結果
錢幣六
正位

❸ 未來／建議
權杖八
正位

① 問題的原因　**寶劍七**　正位

為了增加邂逅的機會，妳努力嘗試了各種方法。妳的做法並沒有錯。

② 問題的結果　**錢幣六**　正位

這張牌代表妳想結婚的心情，以及付出的努力將開花結果。多方嘗試一定會帶來好結果。

③ 未來／建議　**權杖八**　正位

這是一張迅速發展的牌，近期可能有新的邂逅。別擔心，妳一定會遇到對象。

暗示情況迅速發展，盡力而為吧！

　　要說妳會不會結婚，答案是肯定的。第三張「權杖八」表示近期將突然遇見新對象。到目前為止妳為了認識對象而註冊了交友APP，採取了各種行動，但如果想早點結婚的話，建議找婚友社這類認真提供媒合服務的公司。因為不擅長談戀愛而不知該如何與對方相處時，可以求助於有諮詢服務的地方，他們會提供建議或相關服務。同時參加婚友社的團體活動並發展其他興趣，也有機會認識新的對象。不需要二選一，一個一個盡力嘗試就能抓住運勢。請參考看看。

 **Answer**

同時加入婚友社並培養興趣，付諸行動。

我很煩惱，不知道該跟哪一方交往

我有兩位很在意的男性對象。A先生曾是橄欖球選手，我在愛好跑步的社團裡認識了大5歲的他。他是社團的管理人，很值得信賴。B先生是在工作場合認識的同齡對象，個性很溫柔療癒。我分別跟他們單獨吃過飯、假日一起出遊，兩人都會跟我拉近距離。之後到底該跟哪一位交往，我好煩惱。 （20多歲／女性）

SPREAD 4 二擇一

A ： 運動系A先生　　　　　　　　B ： 療癒系B先生

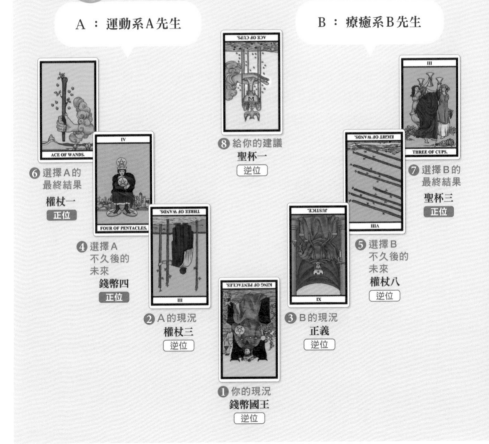

❽ 給你的建議
聖杯一
逆位

❻ 選擇A的
最終結果
權杖一
正位

❼ 選擇B的
最終結果
聖杯三
正位

❹ 選擇A
不久後的
未來
錢幣四
正位

❺ 選擇B
不久後的
未來
權杖八
逆位

❷ A的現況
權杖三
逆位

❸ B的現況
正義
逆位

❶ 你的現況
錢幣國王
逆位

❶ 你的現況　錢幣國王 [逆位]

你是否正為了生活、金錢等物質方面的問題所苦？

❷ A的現況
權杖三 [逆位]

擔心不可預測、不穩定的未來。

❸ B的現況
正義 [逆位]

還無法分辨清楚感情。

❹ 選擇A不久後的未來
錢幣四 [正位]

關係變親密，知道如何與對方相處。

❺ 選擇B不久後的未來
權杖八 [逆位]

關係很平衡，相處起來很舒適。

❻ 選擇A的最終結果
權杖一 [正位]

主動熱情的發展。

❼ 選擇B的最終結果
聖杯三 [正位]

毫無壓力的輕鬆關係！

❽ 給你的建議　聖杯一 [逆位]

妳是否在鑽牛角尖，覺得情況沒有變化？

誠實面對自己的心情很重要

　　妳有兩位很在意的對象，不論是比較積極主動的一方，還是相處起來很輕鬆的一方，他們都能與妳建立良好的關係。請認真面對自己的真實心情，思考哪一方讓妳更有安全感，更能享受戀愛吧！妳現在最想見到的人是誰呢？在心中最先浮現的人，就是妳不顧一切面子與常理、最想陪伴的對象。不需要鑽牛角尖，沒問題的，未來一定會順利發展。

Answer
別鑽牛角尖，選擇妳現在就想見面的人。

我在單戀小21歲的男性，請問未來會有進展嗎？

我現在40多歲，是有一個孩子的單親媽媽。目前暗戀著一位年紀小21歲的男性。我們的關係一直沒有進展，不知道該怎麼辦才好，每天都很悶悶不樂。請告訴我未來是否會有進展。　　　　　　（40多歲／女性）

SPREAD 5　六芒星

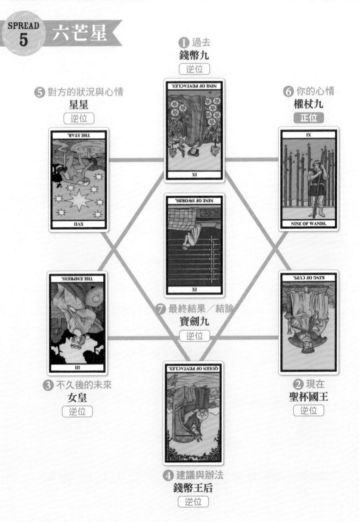

① 過去
錢幣九
逆位

⑤ 對方的狀況與心情
星星
逆位

⑥ 你的心情
權杖九
正位

⑦ 最終結果／結論
寶劍九
逆位

③ 不久後的未來
女皇
逆位

② 現在
聖杯國王
逆位

④ 建議與辦法
錢幣王后
逆位

❶ 過去

錢幣九 逆位

對方覺得自己配不上妳，認為妳不把他當作對象。

❷ 現在

聖杯國王 逆位

妳是不是很想支持對方，卻因沒自信而不敢行動？

❸ 不久後的未來

女皇 逆位

妳可以對他任性一點，別太小心翼翼。

❹ 建議與辦法

錢幣王后 逆位

妳是個從容的人，但似乎太在意年齡上的差距，無法展現真實的自己。

❺ 對方的狀況與心情

星星 逆位

認為彼此可以更加親近，但又認為一定不會成功。

❻ 你的心情

權杖九 正位

因為自己年紀比較大，認為對方不把自己當作對象。

❼ 最終結果／結論

寶劍九 逆位

妳的煩惱馬上就會豁然開朗。

別介意年齡差距，展現個人特質

　　從整體來看，其實雙方都想進一步加深感情，卻因為年齡差距而不敢跨出下一步。妳本來應該是更從容的人，能夠為對方盡心盡力的類型，但年紀的問題讓妳開始壓抑自己的行為。而對方也認定自己被妳當小孩子看待。妳認為自己比較年長，所以必須表現得更嚴謹，但既然妳喜歡對方，年齡就不是問題，可以偶爾撒嬌，稍微展現任性可愛的一面。展現出真實的妳，說不定關係就會有所改變。請參考看看。

 Answer

可以在他的面前展現可愛的一面喔。

我深受父母影響，個性消極
且不敢踏入感情世界

　　從小我的父母感情就很不好，所以朋友想幫我介紹對象時，我都會躊躇不前，並變得愈來愈不懂戀愛。但我還是想知道，自己未來能不能談戀愛。另外，想請問該如何改善悲觀的個性，讓自己更積極正向。

（20多歲／女性）

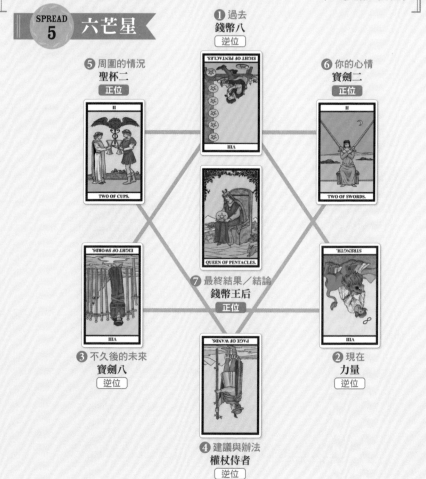

SPREAD 5　六芒星

❶ 過去
錢幣八
逆位

❺ 周圍的情況
聖杯二
正位

❻ 你的心情
寶劍二
正位

❼ 最終結果／結論
錢幣王后
正位

❸ 不久後的未來
寶劍八
逆位

❷ 現在
力量
逆位

❹ 建議與辦法
權杖侍者
逆位

❶ 過去
錢幣八　逆位

妳真的很想享受戀愛，但情況卻不順利。

❷ 現在
力量　逆位

妳現在依然深受家人的影響，覺得無法擁有自己的人生嗎？

❸ 不久後的未來
寶劍八　逆位

妳有機會離開束縛的環境，奔向自由。家庭環境可能發生變化。

❹ 建議與辦法
權杖侍者　逆位

雖然改變讓妳很不安，但其實妳不必害怕。

❺ 周圍的情況
聖杯二　正位

牌卡顯示妳正處於隨時都能談戀愛的情況或環境。

❻ 你的心情
寶劍二　正位

妳似乎正在擔心之後會因戀愛所苦。

❼ 最終結果／結論
錢幣王后　正位

保持現在的自己就好，未來會愈來愈順利。

 ### 不必勉強自己改變，妳還是能談戀愛

　　最終結果「錢幣王后」牌表示妳不需要改變自己。妳可以保持自己的悲觀特質，周圍環境將逐漸改變。正因為妳很容易負面思考，所以才能夠發現缺點並加以改善，妳可以維持這樣的人格特質。妳能夠謹慎觀察周遭情況，仔細考量未來的發展，具備看人的眼光，因此很有機會與個性誠實的人談戀愛。此外，牌卡也暗示之後將會擺脫束縛的環境。雖然沒有自信或覺得很害怕，但悲觀的想法卻帶來了好結果，請從小事中找看看類似的經驗。例如，因為感覺會下雨而帶傘出門，所以才不會淋濕。從這件事來思考其中的意義，妳會發現消極一點也沒什麼不好。持續累積這樣的想法後，妳的心情會變得更積極正向，更接近妳想要的結果。

 ## Answer
試著尋找悲觀者的優點。

諮詢 13 我跟感情很好的同性朋友有機會進展到下一步嗎？

> 　　我喜歡的人是同性，我們是在同志的交友場合中認識的。目前我們是很好的朋友，如果可以的話，希望能跟他發展成交往關係。我想知道對方是怎麼想的，還有未來該採取什麼樣的行動比較好。我也很在意對方怎麼看待我。
>
> （20多歲）

SPREAD 5　六芒星

❶ 過去
教皇
正位

❺ 對方的情況與心情
命運之輪
正位

❻ 你的心情
錢幣九
逆位

❼ 最終結果／結論
聖杯八
逆位

❸ 不久後的未來
錢幣四
正位

❷ 現在
權杖一
正位

❹ 建議與辦法
權杖十
逆位

① 過去
教皇 正位
對方個性很老實，是不會跳過關係階段的類型。他不接受純粹的肉體關係。

② 現在
權杖一 正位
對方非常喜歡你，把你當作戀愛對象。你可以更有自信喔。

③ 不久後的未來
錢幣四 正位
大約3個月後，你們將變成彼此依靠的關係。說不定會建立更親密的關係。

④ 建議與辦法
權杖十 逆位
試著放下重擔吧！不需要強迫自己告白或展開行動。

⑤ 對方的情況與心情
命運之輪 正位
對方的時機已到來。暗示再過不久，雙方將有所進展。

⑥ 你的心情
錢幣九 逆位
你覺得對方可能只把你當朋友，因此很沒自信。你是不是覺得沒希望了？

⑦ 最終結果／結論
聖杯八 逆位
你有機會再次確認對方誠實的一面。心中的不安情緒將會消失。

 對方會主動出擊，兩人將發展成戀愛關係

　　從整體牌面來看，結果非常好喔。你們只要維持正常友好的朋友關係，就會自然發展成戀愛關係。你不需要強迫自己行動或是展現自己。對方似乎已經非常喜歡你了，他可能會觀察時機並主動出擊。大約3個月後，你們可能變成更親密、相親相愛的關係。覺得自己沒有機會，認為對方只把自己當朋友的話，那就太可惜了，現在請好好享受彼此相處的時間，珍惜朋友身分的兩人時光。你們似乎都是對事情有所堅持的人，推薦你們一起打遊戲或追劇，尋找共同興趣。

 Answer
珍惜現在的時光，等待時機到來。

我和前任吵架後分手了，還有機會再次聯絡嗎？

　　我很喜歡前一任對象，卻因為讓他失望而完全斷了聯絡。我們最後是在吵架中分手的，他說他對我很「失望」，但我還是不知道他離開我的真正原因。我想知道他的真實想法，還有未來的人生中是否有機會重修舊好或再次聯絡。　　　　　　　　　　　　　　　　　　（30多歲／女性）

SPREAD 6　凱爾特十字

❸ 對方的表意識
月亮
逆位

❿ 最終結果
權杖十
正位

❷ 障礙／辦法
錢幣四
逆位

❶ 對方現在的情況
寶劍五
逆位

❾ 對方的期望
力量
逆位

❺ 過去
聖杯九
正位

❻ 不久後的未來
命運之輪
正位

❽ 對方的情況
權杖七
正位

❼ 你的立場
聖杯侍者
逆位

❹ 對方的潛意識
錢幣騎士
逆位

❶ 對方現在的情況
寶劍五 逆位

他似乎正在自我反省，認為自己對妳說了很過分的話，而且太自以為是了。

❷ 障礙／辦法
錢幣四 逆位

他很固執己見，深信自己不會被妳接受。

❸ 對方的表意識
月亮 逆位

他想跟妳重建關係，打算採取行動。

❹ 對方的潛意識
錢幣騎士 逆位

其實他覺得自己必須向妳道歉。

❺ 過去
聖杯九 正位

他很認真地考慮了你們的未來，現在覺得很痛苦。

❻ 不久後的未來
命運之輪 正位

對方近期可能主動聯絡，很快就會有消息了。

❼ 你的立場
聖杯侍者 逆位

妳純真的特質因為這件事而被壓抑了。

❽ 對方的情況
權杖七 正位

對方深知身邊的人也覺得這件事是他做得不好。

❾ 對方的期望
力量 逆位

他渴望建立安穩的關係。

❿ 最終結果
權杖十 正位

目前正在梳理內心的負擔和壓力，但遲早會重新聯絡。

對方似乎正在深刻反省

對方認為自己說了很過分的話，正在為此反省。不過，他的個性比較固執己見，一旦說了狠話就拉不下臉回頭，但他認真考慮過你們的未來。他渴望穩定的關係，思考過結婚的事，現在也沒改變想法。他其實很想道歉，近期應該會主動聯絡妳。妳可以根據這些情況來考慮自己想怎麼做。

 Answer
對方會主動聯絡妳，希望彼此和好。

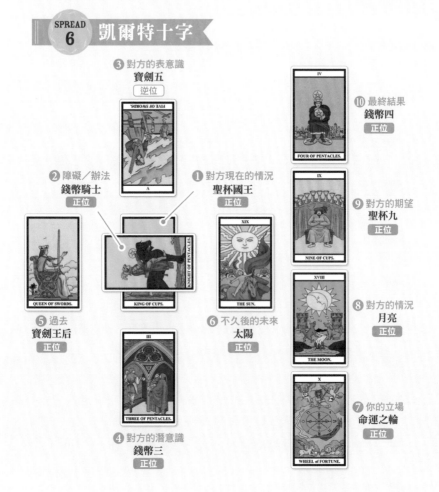

我單戀上在電車認識的人，想知道對方對我的想法

我喜歡上一位在電車上認識的人。我打從心底喜歡他，第一次主動出擊，不知道該怎麼做才會成功。剛開始主動接近他時，感覺還滿「順利」的，但最近對方都不太回覆訊息，不知道他在想什麼，讓我心裡很不安。請問對方是怎麼看待我的呢？　　　　　　　　　　（20多歲／女性）

SPREAD 6　凱爾特十字

❸ 對方的表意識
寶劍五
逆位

❿ 最終結果
錢幣四
正位

❷ 障礙／辦法
錢幣騎士
正位

❶ 對方現在的情況
聖杯國王
正位

❾ 對方的期望
聖杯九
正位

❺ 過去
寶劍王后
正位

❻ 不久後的未來
太陽
正位

❽ 對方的情況
月亮
正位

❹ 對方的潛意識
錢幣三
正位

❼ 你的立場
命運之輪
正位

① 對方現在的情況
聖杯國王 正位
對方似乎非常喜歡妳。

② 障礙／辦法
錢幣騎士 正位
雖然很想坦誠自己的心意，情況卻不允許。

③ 對方的表意識
寶劍五 逆位
他很煩惱，不知道該如何讓關係順利發展下去。

④ 對方的潛意識
錢幣三 正位
他其實很想跟妳一起發展這段關係。

⑤ 過去
寶劍王后 正位
對方堅持要三思而後行，態度讓人不明所以。

⑥ 不久後的未來
太陽 正位
對方會在3個月內變老實，開始對妳表達愛意。

⑦ 你的立場
命運之輪 正位
暗示妳的煩惱將在不久後豁然開朗。

⑧ 對方的情況
月亮 正位
他還處於很天真的狀態，沒辦法對妳傳達心意。

⑨ 對方的期望
聖杯九 正位
他想主動對妳展現好感，也有考慮到未來的事。

⑩ 最終結果
錢幣四 正位
對方可能對妳坦誠心意，甚至表現出佔有慾。

對方會主動靠近妳，請靜候佳音！

　　從結論來看，對方雖然喜歡妳，卻不知道該如何發展下去，目前處於很苦惱的狀態。他不擅長談戀愛，覺得這件事被妳發現會很丟臉，矛盾的心情導致他的態度讓人感到不明所以。不過，他將在3個月之內變坦率，並且向妳表達愛意，所以妳不需要採取行動。雖然他現在的態度很模糊不清，但交往後會流露出嫉妒的一面，也會誠實說出不安的心情。建議妳接受這些情況，以真誠的心來培養這段關係。請仔細思考妳想擁有什麼樣的交往關係。

Answer
互相傾訴真心話，加深彼此的關係。

雙方都是已婚人士，
想知道對方的心情

我們在同一家公司上班，雙方都已婚且有小孩，但今年開始偷偷交往。我以前在其他店家工作，在因緣際會之下，現在跟對方在同一個職場工作，每天都會見面。但最近一個月總覺得他對我的態度很冷淡，對其他同事跟對我的態度不一樣，我搞不懂他在想什麼。我想知道他的心情和未來的情況。　　　　　　　　　　　　　　　　　　　　　（40多歲／女性）

SPREAD
6　凱爾特十字

❸ 對方的表意識
聖杯二
逆位

❿ 最終結果
權杖騎士
逆位

❷ 障礙／辦法
錢幣騎士
正位

❶ 對方現在的情況
寶劍侍者
逆位

❾ 對方的期望
寶劍四
正位

❺ 過去
愚者
正位

❻ 不久後的未來
戰車
逆位

❽ 對方的情況
錢幣九
正位

❹ 對方的潛意識
聖杯五
正位

❼ 你的立場
太陽
正位

❶ 對方現在的情況
寶劍侍者 逆位

對方愈來愈不知道該如何跟妳相處。

❷ 障礙／辦法
錢幣騎士 正位

他有話想對妳說，卻說不出口。

❸ 對方的表意識
聖杯二 逆位

還沒辦法跟妳好好溝通，或是互相表達真心話。

❹ 對方的潛意識
聖杯五 正位

認為自己被討厭了，但又毫無頭緒。

❺ 過去
愚者 正位

你們只是單純地喜歡對方，卻沒考慮到將來的事，但現在情況已經不一樣了。

❻ 不久後的未來
戰車 逆位

暗示情況可能有些失控。對方可能突然接近妳。

❼ 你的立場
太陽 正位

妳很喜歡對方直率的個性。

❽ 對方的情況
錢幣九 正位

他很在意旁人的眼光，認為自己有必須堅持的形象。

❾ 對方的期望
寶劍四 正位

他深信自己不該坦誠自己的感受，但這不是他的本意。

❿ 最終結果
權杖騎士 逆位

對方將不顧旁人眼光，不斷地靠近妳。

其實他的內心很渴望妳

　　妳非常喜歡對方，而對方並不是對妳不再熱情了，他其實很想對妳表達自己的心情，但現在卻說不出口。他對於雙方無法誠實討論未來的關係這件事很在意。妳能夠理解真正的他，而他也很需要這樣的妳，但同時又覺得你們肯定不是命中註定的對象。而且他覺得很寂寞，擔心自己被妳討厭了。其實他的內心很渴望妳，之後會不顧周圍眼光，不斷主動靠近妳。等他開始行動時，妳可以試著配合對方的做法。

 Answer
他將會熱情接近妳。

塔羅牌的圖案有什麼意義？

塔羅牌中會出現一些相同圖案，
請問這些圖案有什麼意義呢？

> 塔羅牌中的
> 所有圖案
> 都有其意義

塔羅牌除了有人物之外，背景中還有建築物、動物、植物或符號等圖案。這些圖案都有不同的涵義。從牌面上的物件中尋找意義或共通點，就能進一步延伸解讀喔。

KNIGHT OF CUPS.
聖杯騎士

KNIGHT OF WANDS.
權杖騎士

0
THE FOOL.
愚者

X
TEN OF PENTACLES.
錢幣十

注意馬的姿態。奔跑中的馬表示情況迅速發展。請仔細觀察馬的腳部動作。

狗表示朋友、同伴或貴人，是身旁能夠提供建議的人。

力量

表示王者、領導者、可靠的人。行為光明磊落，很有行動力。

聖杯一　　　　　錢幣九

不同鳥類有不同涵義。白鴿是和平的使者；猛禽類則是權力與支配的象徵。

植物也有各種不同的意義！

玫瑰

錢幣王后

代表愛、愛情、親密的感情。

向日葵

太陽

權杖王后

表示生命力、光明。

百合

聖杯六

象徵純潔與和平。

教教我！ 杏花栗子！
幫別人占卜的時候

我們有時會幫忙分析朋友或家人的煩惱，
杏花栗子將分享一些需要留心注意的地方。

決定牌卡的上下方向

通常我只會讓提問者決定上下方向，洗牌和切牌則是自己處理。這並不是正確答案，可根據個人喜好自行決定。讓提問者洗牌、切牌、疊牌也沒問題。可以將牌卡放在自己看得清楚的地方，說明時再轉到提問者方便閱讀的方向。

像平常一樣溝通交流

有些占卜者會覺得必須給予提問者正面訊息而有負擔，但其實不必逞強。只要解釋牌卡中的訊息，並改變表達方式即可。出現難以描述的結果時，請別說出「你完蛋了」這種話。可以換個說法，告訴對方目前的情況可能不太樂觀，但只要「如何做」就能有所改變。

體貼對方並誠實以待

向塔羅牌詢問某人的感受是一件令人緊張的事，這時抱持著「跟提問者一起詢問塔羅牌」的態度即可。此外，如果你對自己的解讀功力沒有信心，就老實告訴對方自己還在學習，但會努力占卜看看。請在對話過程中體貼對方，思考如何誠實地描述事實。

牌卡會反映出占卜者的狀態

占卜者需要藉由自身的狀態來解讀朋友或提問者的煩惱。這跟為自己占卜時一樣，身心狀態不佳或周遭情況混亂時，請好好休息一下。塔羅占卜的結果也會明顯反映出占卜者的狀態。所以請更加重視當下「渴望占卜」的心情。

Part
4

用神諭卡激發靈感！

神諭卡可以提供簡單正面的訊息。
本章將介紹神諭卡的基本觀念和占卜方法，
杏花栗子也會分享解牌範例。

一起玩神諭卡吧！

以下介紹的神諭卡雖然與塔羅牌截然不同，
但也能夠接收神祕的訊息。

享受自由解牌的樂趣
具有多樣主題與豐富類型的牌卡

神諭卡（Oracle card）是一種神祕
的牌卡，其語源即是「神的話語」，
提出問題就能得到某種啟示。市面上
有各種神諭卡，圖案、形狀、尺寸都
相當多樣。不同牌卡帶有不同的世
界觀，提供豐富的訊息。可以在想要
進行自我對話、解決煩惱或冷靜情緒
時，自由地使用。神諭卡比塔羅牌更
簡單，大多都很好理解。接下來讓我
們一起玩玩看吧！

磨練你的「感覺」

可提高直覺力的神祕牌卡

神諭卡並沒有通用的規則或占卜方法，也不需要具備特殊知識。基
本的做法是在抽牌後，從圖畫或關鍵字來解讀其中的意義。關鍵在於
占卜者的「感覺」。請根據你看到牌面時閃現的靈感，或是當下浮現
的心情來接收訊息。你的感受性和直覺力將會提高。

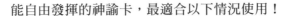

神諭卡的使用時機

能自由發揮的神諭卡，最適合以下情況使用！

陷入選擇障礙的時候

當你陷入兩難而無法做決定時，向牌卡詢問問題並抽牌，就能得到確切的訊息。例如：選A會怎麼樣呢？選B會得到什麼結果？不僅能問嚴肅的人生抉擇，還能用來選衣服的顏色，詢問生活中的小煩惱。

不知道下一步該怎麼做的時候

人有時會為了愛情或工作所苦或是遭遇挫折，當你不知道該如何行動，也不清楚下一步該怎麼做的時候，詢問牌卡就能得到「該如何行動」的建議。有時也會出現什麼都不做也沒關係的訊息。心情應該會因此冷靜下來才對。

想聽聽正向話語的時候

大部分的神諭卡都很漂亮，畫有許多神祕的圖案，光是欣賞就能穩定內心。神諭卡大多都是正向樂觀的訊息。想聽溫柔的話語或希望有人陪伴時，非常適合使用神諭卡。無形奇妙的存有將提供溫暖的話語，幫助你放鬆心情。

想得到鼓勵的時候

你明明已經決定該怎麼做，卻沒辦法跨出下一步，想嘗試新事物卻害怕改變嗎？神諭卡可以帶給你勇氣和自信，這正是其魅力所在。遇到重要活動、不知情況是否順利時，神諭卡將提供明確的建議，幫助你成功。

遇見心儀的神諭卡

由杏花栗子選出8款推薦神諭卡牌組，
並為你一一介紹。

珍惜與你頻率相合的神諭卡

　　神諭卡有很多種類，當你一看到圖案就浮現靈感時，就表示你和這副牌的頻率很合得來。牌卡中應該隱含著你需要的訊息。除了書店之外，還能透過網購平台購買神諭卡，試著尋找契合的牌卡吧。

Vivid aura Birth Card Oracle card
繽紛靈氣誕生神諭卡

　　這副牌能透過內在來喚醒一個人隱藏的鮮豔能量。接觸牌卡後，內在會湧現出強烈的能量，為人生帶來更豐沛幸福的訊息。建議根據當天的直覺抽出一張牌，將牌卡帶在身上作為當天的護身卡。　／Ⓐ

監修：DR. padma

Reaching Happiness Oraclecards
掌握幸福神諭卡

這副神諭卡充滿溫柔、關愛的話語，沒有教訓或懲戒的內容，隨時傳達出溫暖幸福的訊息。可以針對心中的疑問或煩惱提供最簡單的解決方法，並揭開占卜者尚未察覺的潛能或是天賦。　／Ⓐ

The PSYCHIC TAROT for the HEART ORACLE DECK
靈性心神諭卡

從愛的角度深入探討各種人際關係問題。幫助你樂觀看待愛情、工作、人際關係等各方面，提供可達到最佳結果的建議。牌面上有標示數字，也可以用靈數學的觀點來解讀。　／Ⓑ

作者：John Holland

※聯絡資訊在書末的版權頁。

153

以動物、昆蟲、魚類、鳥類等自然界動物為題材的神諭卡。牌卡顯示出各種動物的本質意義，能為日常生活帶來實質有力的訊息。占卜的技巧是根據生物的本質進行分析。　／Ⓑ

作者：Colette Baron-Reid

Blythe Lucky Card
BLYTHE娃娃幸運卡

時髦可愛的BLYTHE人偶，為你提供幸運的提示。在一天的開始、突然想到或想好好努力的時候，都可以進行抽牌，BLYTHE會告訴我們幸運的訊息。光是欣賞時髦的BLYTHE就能讓心情變好呢！　／Ⓒ

WISDOM of the ORACLE
智慧神諭卡

　　這副神諭卡能連結神聖的存有，幫助人生的各個方面。可以針對人生進行深入的對話，學習過去的經驗，了解目前的情況與未來的方向。解說手冊包含豐富的資訊，而且還能欣賞圖畫。　／Ⓑ

作者：Colette Baron-Reid

ENERGY ORACLE CARDS
能量神諭卡

　　這副牌能幫你解讀自己本身及周遭環境的能量，走上適合自己的人生道路。你將獲得提示，知道該如何選擇真正渴望的道路。愈常使用就愈能感受到無形的能量。　／Ⓑ

作者：Sandra Anne Taylor

NICOLETTA CECCOLI Oracle
妮可麗塔瑟可莉神諭卡

　　這副牌不只可愛，還帶點詭譎神祕的氣息。看似寂寞的少女凝視著前方，傳達生活中甜蜜又苦澀的重要訊息。當你想打起精神、振奮心情時，牌卡會為你提供建議，請在需要幫助的日子裡抽一張牌。　／Ⓓ

作者：Lunaea Weatherstone
插畫：Nicoletta Ceccoli　ⒸNichiyu

神諭卡的占卜方法

神諭卡沒有固定的使用規則，可完全自由發揮。
本篇將介紹杏花栗子的占卜方式。

神諭卡的基本占卜法是單張抽牌

神諭卡沒有固定的牌陣，可自由選擇占卜方式。基本的做法是抽出單張牌，以一問一答的方式深入對話。剛開始可以看著解說書來確認牌義，但直覺最重要。請注意牌卡給你的印象，仔細觀察牌面的圖案和文字，加深聯想並延伸解讀。

想抽幾次牌都可以。先抽一張看看，如果想知道更多，就再提問一次並抽一張牌。以占卜者可接受的方式與牌卡培養感情是最好的做法。

 選擇牌卡，決定問題

依循當天或當時的心情，選擇一張當下最有感覺的牌，並且決定問題。請釐清目前的挑戰或問題的本質，在自我對話的過程中以一問一答的方式決定問題。整理好內心後，一邊放鬆一邊在心中向牌卡提問。如果你能保持專注的話，也可以說出問題。

② 在牌卡的背面敲2下

拿起牌組後，在牌卡的背面輕輕敲2下，像敲門一樣發出「咚咚」聲。這種例行動作能讓你和牌卡心靈相通，連結神奇的力量。每個人都能夠找到自己方便滿意的方法。

knock!

③ 洗牌

用撲克牌的方式洗牌。洗牌次數不固定，洗到覺得牌卡均勻混合為止。

④ 跳牌是這次占卜的訊息

通常在洗牌的過程中會跳出一張牌，也就是這次的占卜結果。請撿起牌卡並開始解讀。這一張牌被稱為「跳牌」，其中含有重要的訊息。如果一直出現同一張牌，表示這個訊息對你很重要。

不需要太講究占卜方法，請找出自己專屬的做法，享受輕鬆自由的解牌樂趣。

如果沒有跳牌呢？

沒有跳牌也不用擔心，繼續洗牌直到滿意為止，從牌組的最上面抽出一張牌。牌太大張拿不住的話，你可以在桌上洗牌，整理好牌組後一樣從最上面抽牌。

神諭卡　單張抽牌
解讀範例

杏花栗子進行實際諮詢時的解讀範例。
藉由牌卡的訊息來打起精神吧！

 我對他來說是怎樣的存在？

> 我有一個從學生時期就感情很好的男性對象，我們不曾向對方提出交往的要求，始終維持著肉體關係。我雖然喜歡他，卻不知道他是怎麼想的，也問不出口。我們的關係將如何發展？
> （20多歲／女性）

 抽到的牌

使用牌卡／Vivid aura
Birth Card Oracle Card

 占卜結果

　　妳抽到了「感謝」牌。對方單純地喜歡著妳，但錯過了提議「交往」的時機直到現在。你們就像鏡子互相映照，對彼此懷抱同樣的情感。只要告訴對方，妳不想在未交往的情況下做不老實的行為，對方就會正式提出交往的請求，請放心吧。

諮詢 2　何時該向單戀的對象告白？

> 我在聚餐時發現同事溫柔的一面，喜歡上了對方。我是單親媽媽，對方則單身。我應該告白嗎？
>
> （30多歲／女性）

 抽到的牌

占卜結果

牌面顯示妳將收到最好的訊息，會常常遇到共時性現象，所以妳可以繼續等待。對方應該會在絕佳時機向妳表白。妳將經常感受到兩人間的共時現象，這是被告白的徵兆。妳不需要採取行動，靜候佳音即可。

使用牌卡／Reaching Happiness Oraclecards

諮詢 3　我快要30歲了，未來的運勢如何？

> 下個月是我的30歲生日。我目前的人生過得很平凡，希望30歲以後能有改變想法的契機，成為全新的自己。請告訴我未來的運勢。　　　　　（20多歲／女性）

抽到的牌

 占卜結果

妳可能遇見一位知性男性。對方個性老實，具堅持的職人精神。他的佔有慾比較強，但不需擔心，這只是可愛的吃醋行為。此外，妳的才華將開花結果，可能更換新工作、認識新朋友或產生有趣想法。建議收集周遭資訊，對各種事物抱持好奇心。

使用牌卡／The PSYCHIC TAROT for the HEART ORACLE DECK

諮詢 **4**

我失戀了，該如何重新振作？

> 我單戀著打工認識的店長，下定決心向他告白，結果被輕易打發，就這樣失戀了。現在的打工讓我好痛苦，該怎麼做才能振作起來？
>
> （20多歲／女性）

抽到的牌

🐰 占卜結果

不需要勉強自己振作喔。這是一張在變動時刻顯現的牌，妳身處的環境可能自然地發生變化。如果很痛苦的話，妳可以想辦法換一份打工。做一些讓妳感到輕鬆愉快的事，總有一天心情會好轉的。

使用牌卡／The Spirit Animal Oracle

 諮詢 **5**

我確定要轉職了，未來會如何呢？

> 我如願轉職到不動產行業，下個月將展開新的職場生活。我很期待之後會發生什麼事，未來會順利嗎？
>
> （40多歲／女性）

抽到的牌

🐰 占卜結果

這張牌代表妳可能會認識一位能幫助妳的紳士型主管。對方很重視妳，也十分可靠。妳將在他的協助下順利進行工作，很快就能在職場上如魚得水，遇到困難時也會得到幫助。他會帶領妳成長獨立，請好好期待。

使用牌卡／ENERGY ORACLE CARDS

諮詢 6　我想跟丈夫修復關係

我結婚15年了，但夫妻之間相處不睦，幾乎不會聊天。我很想回到從前的關係，之後會怎麼樣呢？

（40多歲／女性）

抽到的牌

占卜結果

這張牌代表妳未來應該會過得很開心喔。你們會一起看電影或追劇，藉由欣賞影視作品這個共同興趣來開啟話題，在享受劇情發展的過程中回到從前的關係。適合成年人的愛情喜劇或電影是不錯的選擇，不妨試試看？

使用牌卡／WISDOM of the ORACLE

諮詢 7　我開始養小貓了，之後的生活會如何呢？

我在因緣際會之下開始養一隻小貓，牠好可愛又好療癒。我想知道小貓在想什麼，以及未來的生活會如何。

（30多歲／女性）

抽到的牌

占卜結果

小貓說牠一直以來都很寂寞，很高興能與獨一無二的妳相遇。妳也覺得很孤獨，想法似乎跟牠一樣。無論未來的生活是喜是悲，你們都會成為陪伴彼此、分享心情的好夥伴，要好好珍惜喔。

使用牌卡／NICOLETTA CECCOLI Oracle

神諭卡
Q & A

神諭卡的使用自由度很高，但也有很多讓人搞不懂的地方。
杏花栗子將一一回答初學者的問題。

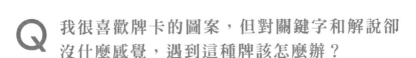

Q 我很喜歡牌卡的圖案，但對關鍵字和解說卻沒什麼感覺，遇到這種牌該怎麼辦？

A 　占卜者對神諭卡的感受和契合度是很重要的，喜歡圖案就表示你和牌卡很有緣。如果攤開觀察牌卡後覺得沒那麼喜歡，也可以當作房間的裝飾品喔。你可以自由解釋牌義，根據自己的想法擴大想像並延伸解讀，就能讀出牌卡的訊息。只要多接觸牌卡，反覆練習解牌，牌卡散發的異樣感將逐漸消失，請試看看吧。

Q 神諭卡只有好牌，這樣沒問題嗎？

A 　許多神諭卡都具有溫柔正向的意義，有些人可能會感覺「只有好牌」。正因為神諭卡隱含著樂觀的訊息，我們才能得到力量。你可以依照自己的想法進行解釋，將最符合當下心情的建議牢記在心，並且度過愉快的生活。

身心狀態不佳的時候可以解牌嗎？

 在身心疲憊時抽出神諭卡，通常牌面會顯示你可能很疲倦，或是需要休息一下，牌卡能夠理解你的狀況。當你很忙碌或心無餘裕時，可能會難以分析牌卡的訊息。你不需要受到牌卡的影響，先休息一下，再以輕鬆的心情享受占卜過程。

 外國的神諭卡可以融入我的生活嗎？

 外國製的神諭卡大多漂亮又夢幻。有些人可能認為它們和日本的宗教觀念或生活環境不太一樣。但只要感覺自己跟牌卡合得來，直覺很「喜歡」，那就是一種緣分，這時就用看看吧。起初先仔細閱讀說明書，擴大自己的想像力，就能找出牌卡與自己的共通點，並透過圖案進行聯想。當你跟牌卡愈來愈親近時，就能靠想像力來創造自己專屬的解牌風格。

 可以同時使用神諭卡和塔羅牌嗎？

 我在自己的YouTube頻道上進行塔羅占卜時，偶爾會搭配使用神諭卡。神諭卡會告訴我那些單靠塔羅牌難以解讀的訊息。還不熟悉時，可以只用一種牌卡進行占卜。占卜同一個問題卻得到看似不同的結果時，就必須練習如何解讀。你也可以視情況選擇不同的牌，例如：想得到正面訊息就用神諭卡，需要具體建議則使用塔羅牌。

每日單張牌占卜
帶來好運的關鍵字

使用第88頁介紹的單張牌占卜法，每一天進行好運占卜。
請開心玩牌，輕鬆嘗試。

	0 愚者	I 魔術師	II 女祭司	III 女皇	IV 皇帝
顏色	綠色	紅色	月白色※	桃色	緋紅色
物品	小包包	筆	書籍	沙發	王冠
食物	披薩	蛋包飯	石榴	馬卡龍	酒
地點	山	購物中心	圖書館	家具店	博物館
動物	狗	猴子	鹿	鯨魚	老虎
花	茶梅	玫瑰	百合	櫻花	牡丹花

※月白色是如月光般略帶淺藍的白色。

164

占卜方法

1
用 22 張大阿爾克納洗牌，將牌卡分成 3 疊，自由疊成一疊，再洗一次牌。

2
憑感覺選出一張牌，那張牌就是今天的幸運關鍵字。

V 教皇	VI 戀人	VII 戰車	VIII 力量	IX 隱者	X 命運之輪
錫色	躑躅色※	藍色	橙色	青褐色	黃紅色※
專業用書	照片	車子	布偶	燈	手錶
沙拉	可麗餅	彈珠汽水	泡芙	豆沙	壽司
學校	遊戲中心	車站	動物園	觀光地	展演空間
青蛙	白蛇	馬	獅子	狼	鵰
紫花地丁	石竹花	非洲菊	蛾蝶花	仙客來	歐洲銀蓮花

※躑躅色是一種明亮的紅紫色。
※黃紅色是紅色和黃色的中間色，比橙色更紅。

「每日單張牌占卜」不需要在意正逆位。憑直覺抽一張牌，提升自己的運氣吧。

	XI 正義	XII 吊人	XIII 死神	XIV 節制	XV 惡魔
顏色	白色	天色※	灰色	水藍色	紫紺色※
物品	劍形小物	動漫模型	夾克外套	水	戒指
食物	炸串	水饅頭	可可	冰	肉
地點	公家機關	娛樂商店	神社	水池	飯店
動物	貓頭鷹	蝙蝠	天鵝	鴿子	山羊
花	龍膽	德國 洋甘菊	香豌豆	魁蒿	嘉德 麗雅蘭

※天色是指清澈晴空般的天空藍，比空色鮮豔。
※紫紺色是深的藍紫色。

Point 開啟一天的好心情

讓內心平靜下來，開始洗牌，集中精神並選出一張今天的牌。如果想提升一天的心情，建議在出門前占卜。

XVI 高塔	XVII 星星	XVIII 月亮	XIX 太陽	XX 審判	XXI 世界
黑色	空色※	深藍色	黃色	勿忘草色	彩色
鏡子	圖畫	手鍊	花	樂器	影像
碳酸飲料	魚	湯	美式鬆餅	義大利麵	栗子
遊樂園	水族館 或大海	美術館	公園	高樓	自家
羊駝	海豚	淡水龍蝦	貓熊	兔子	貓
翠菊	燕子花	桔梗	向日葵	鳶尾花	杏桃

※空色是指清澈晴空般的天空藍。
※勿忘草色是淺藍色。

167

杏花栗子的 大阿爾克納 解釋範例一覽表

◆ 正位

O **愚者**	新的開始／未知數／創意萌發／放下重擔／出發／挑戰／轉念／不顧旁人／令人興奮的事／新的嘗試	**XI** **正義**	誠實的愛／公平性／合理的對象／和諧的關係／正當的評價／嚴守規矩／真實的愛／遵守約定／正確的判斷
I **魔術師**	高度溝通力／機靈／新的開始／領導力／豐富的創意／積極主動／提升專業技術／出眾的人物	**XII** **吊人**	修行的時機／互相學習的關係／大有斬獲／理解與陪伴／鍛鍊精神／逆境即養分／激勵人心的環境
II **女祭司**	品行端正／平衡感／直覺／清晰／高度靈性／男性特質與女性特質／求知慾／神祕性／柏拉圖式愛情／藏於內心的事	**XIII** **死神**	脫胎換骨／轉折點／重生時刻／苦難結束／戀愛觀劇變／重大變化／得出結論／全新關係／重新出發
III **女皇**	穩定／繁榮／結婚／懷孕、生產／兩情相悅、命中註定／豐盛／生活寬裕／美學或藝術／可愛或溫柔／綻放女性特質	**XIV** **節制**	平衡的關係／調和／心意相通／感情穩定／身心平衡／中立立場／現實與夢想的平衡／自制力
IV **皇帝**	熱情的／意志堅定／掌握戀情主導權／具有威嚴／寬容接納／追求卓越／穩定／有行動力／取得權力或地位	**XV** **惡魔**	沉溺慾望／性關係／依附、俘虜／學習的機會／注意身體健康／避免自私自利／深刻的記憶／是否有罪惡感？／中毒
V **教皇**	誠實、敦厚／可靠／良緣親事／有教養／有常識／守規矩／合群、平等／受人愛戴／可敬的戀人	**XVI** **高塔**	發生衝擊性事件／價值觀大變／意外的轉折／晴天霹靂／突發行動／吐露真心話／新的開始
VI **戀人**	戀愛的好機會／愉悅的戀情／浪漫愛情／配合度高／正確的選擇／兩情相悅、同居、結婚／相處融洽／充實的每一天	**XVII** **星星**	多年努力將得到回報／願望容易實現／願望成真／坦然放鬆的關係／充滿希望／運勢好轉／忠於自我
VII **戰車**	大有進展／炙熱的戀情／與勇敢無畏者有緣／閃婚／超越競爭對手／對方採取行動	**XVIII** **月亮**	曖昧的關係／複雜的感情關係／別太鑽牛角尖／對未知感到不安／內觀自省／事情的反面／潛意識
VIII **力量**	掌握這段戀情／心靈成長或強大／深刻的戀情／獨一無二的對象／互相協助／獨立自主／包容的心／克服困難	**XIX** **太陽**	戀情實現／受人祝福的關係／活力充沛／成功／充滿希望的未來／展現能力與才華／純真、率直／非常喜歡
IX **隱者**	認真的對象／專情／好奇心／研究或學問／精神成長／聰明的判斷／晚熟／真實的愛／內心的思念／洞察力	**XX** **審判**	復活、重生／復合／覺醒／心靈成長／和解／重新修正／得到領悟／新邂逅／重新感受美好／重新開始
X **命運之輪**	時候到了／絕佳時機／意外的桃花運／註定相遇／順流而上／出人頭地或升遷／趨勢來到／東山再起／成功	**XXI** **世界**	完成／戀情實現／結合、勝利、最強／美滿結局／完美終點／達成、抵達／最佳情侶／緊密團結／信賴關係

杏花栗子整理的大阿爾克納牌正逆位解釋範例。

◆ 逆位

0 **愚者**	正在內觀／未開發、不成熟／新手遭遇困難／想回應他人的期待／累積經驗／重新審視自己／開始負起責任／缺乏自信／成長的契機	**XI** **正義**	釐清狀況／失衡／不知變通／小心判斷錯誤／曖昧關係／追求公平／固執／試著實話實說
I **魔術師**	迷惘／無法發揮本領／經驗或訓練不足／警戒心很強／需磨練專長／失去信心／找不到解決辦法	**XII** **吊人**	尋求解決方法／不要耿耿於懷／注意身體健康／拓展視野／審視努力的方向／追求進步／你是否碰到瓶頸了？
II **女祭司**	務必休息／直覺不敏銳／神經質／不坦率／太鑽牛角尖／嘗試內觀／需耐心處理／情況不明	**XIII** **死神**	無法下定決心／無法放棄／害怕改變／沒有勇氣／需徹底改變方向／試著改頭換面吧／大膽嘗試
III **女皇**	沒安全感／疲憊而無餘裕／需要磨練自己／佔有慾／容易任性妄為／感覺孤單／小心浪費／請重視自己	**XIV** **節制**	情緒不穩／可能太偏激／失衡／情緒起伏劇烈／極端的現實主義者／請好好看清現實／過度謹慎／照顧心理健康
IV **皇帝**	沒有自信／焦慮不安／重新審視計畫／國王的新衣／鍛鍊耐力／需要幫助／詢問他人建議／徒勞無功	**XV** **惡魔**	找到理性和熱情的平衡點／追求健康的關係／依附性降低／形成最佳關係／斬斷惡緣／轉換心情
V **教皇**	違規／過度拘泥常規／不誠實／是否不信任他人？／固執／缺乏行動力／請言出必行	**XVI** **高塔**	預兆或徵兆／小心失誤／需要改變態度／不忘感恩／做好事前準備／小心被害妄想／放寬視野
VI **戀人**	說不出真心話／需要適可而止／互相理解很重要／缺乏專注力／擔心被討厭／請控制感情	**XVII** **星星**	悲觀／沒安全感／自尊心高／固執己見／無法坦率／找不到可能性／保持真實自我即可
VII **戰車**	控制感情／避免失控／需要冷靜行事／小心做過頭／你很膽小嗎？／可能態度消極／不安時請內觀自省	**XVIII** **月亮**	重建信任／迷惘的心豁然開朗／真相浮現／化解糾纏不清的關係／情緒穩定／情況好轉／心平氣和
VIII **力量**	請控制感情／別太配合對方／不被過度打擾／以自己的步調生活／內觀／別太鑽牛角尖	**XIX** **太陽**	尚未發揮實力／沒有自信／重視自我獨特性／注意身體健康／精力不足／有點疲倦／試著感受大自然
IX **隱者**	說不出真心話／固執／孤單／害怕信任他人／足不出戶／無法專注／想太多／想法悲觀／單獨行動	**XX** **審判**	放不下的愛情／長期關係／請試著改變觀點／你不抱任何希望嗎？／認為努力沒有回報／透過經驗重新調整
X **命運之輪**	再堅持一下／順勢而為／別太早放棄／等待下次機會／多收集情報／最佳時機將至／學習的時機／小心徒勞無功	**XXI** **世界**	離目標僅一步之遙／努力就能得到最佳結果／勝利近在眼前／和諧將帶來成功／時機將至／好運將至

 權杖

	權杖一	權杖二	權杖三	權杖四
正位	燃燒熱情／一見鍾情／活力／野心／開始／幹勁十足／身心充滿能量	擴展願景／對未來充滿期待／踏出第一步／全球視野／二擇一／龐大的計畫／樂觀向上	階段性終點／好的轉機／新的關係／明確的理想／新目標或可能性／企畫成功	收成的時期／安全感／溫和的對象／喘口氣／和平／幸福／停下腳步留意

權杖五	權杖六	權杖七	權杖八	權杖九
互相切磋的關係／競爭激烈／良性競爭／交換意見／必要的爭論／上進心	勝利、成功／受人祝福的愛情／表現活躍／專案成功／獲得名譽／度過困難後的慶祝	希望取得優勢／與無形之物戰鬥／自尊心強／不安／奮鬥／死守立場	突然迅速發展／速食愛情／突然的消息／突然聯絡／結果來得比預期快	等對方行動／靜觀其變／充分準備／盡力而為／之後交給運氣／持久戰

權杖十	權杖侍者	權杖騎士	權杖王后	權杖國王
負擔沉重／責任或壓力／有價值的經驗／履行義務／自己開闢道路	純真的愛情／坦率開朗／可愛且年紀較小的人／誠實／有上進心／為目標而努力	熱情／積極主動／更有戀愛的動力／年輕與氣勢／樂觀向上	獨立華麗的女性／親切和善／心胸寬大／很有吸引力	熱情又有理想的對象／有貴人指引／適合自營業／自豪高貴／勇敢清高

	權杖一	權杖二	權杖三	權杖四
逆位	可能徒勞無功／可能有點疲憊／稍作冷靜／避免失控／精力不足／充電一下吧	小心計畫失敗／過勞／猶豫不決／沒自信／重訂目標／做好準備	穩紮穩打／勤勉努力／試著付諸行動吧／不安於未來／商量看看	調整生活習慣／追求進步／不安的情緒／無法行動／小心過度奢侈

權杖五	權杖六	權杖七	權杖八	權杖九
採納建議／內在糾葛／需理解對方／開闊視野／不必要的爭論	挫敗感／想得到認同／力求進步／別輸給反對你的人／擔心地位動搖嗎？	因逞強而疲憊／太虛張聲勢／需要幫助／沒有餘裕／防守備戰狀態／試著依靠他人	緩慢前進／穩步發展／暗地行動／隨波逐流／你感覺停滯了嗎？	有必須做的事／最後關頭掉以輕心／請用心準備／太固執／留意小失誤

權杖十	權杖侍者	權杖騎士	權杖王后	權杖國王
可能壓力過大／不要獨自承受／找人商量／負擔過重時放手也無妨	孩子氣／不坦率／避免想法偏激／缺乏規劃／正在發展的路上／打好基礎很重要	玩弄他人／追求穩定／凡事三思而後行／小心失控／冷靜一下	不服輸／逞強／固執／性情乖僻／請想起真正的願望／慢慢找回自信	有點野心／需言出必行／注意不要態度蠻橫／觀察周遭情況／請試著保持冷靜

杏花栗子整理的小阿爾克納各花色正逆位解釋範例。

 聖杯

正位	聖杯一	聖杯二	聖杯三	聖杯四
	心懷愛意／豐盛的戀愛／安穩的愛／男女特質之間的平衡／跨越性別的崇高之愛／感受性	兩情相悅／獨一無二的對象／心靈相通／互相信任／平衡的關係／誓言	舉杯慶祝／團體交流／受人祝福的關係／協調合作／友情／配合度／分享喜悅	孤獨感／匱乏感／不滿意／有解決方法／請觀望情況／發現幸福近在咫尺
	聖杯五	**聖杯六**	**聖杯七**	**聖杯八**	**聖杯九**
	鑽牛角尖／封閉內心／暫時絕望／失去的感覺／正在內觀／有點負面思考	純真童心／回憶／回想／親密感情／懷舊／發現自己的真心	妄想／幻想／想做太多事／空想／逃避現實／夢境／甜美的夢	新目標／覺醒／新的關係／出發／告一段落／想法改變	願望實現／達成目標或成功／幸運事件／受到提拔／事情解決／令人欣喜的發展
	聖杯十	**聖杯侍者**	**聖杯騎士**	**聖杯王后**	**聖杯國王**
	未來約定／美滿幸福／家庭、穩定／互相扶持／圓滿／順利解決／未來的夥伴	純真的愛／可愛／感性／純粹的心／好品味／很親切的對象／豐富的點子	體貼的對象／溫柔的浪漫主義者／穩健的做法／善於傾聽表達／外型很好	藏於內心深處的想念／奉獻精神／個性敏感纖細／神祕感／洞察力／非常美麗	寬容的對象／德高望重的對象／靈性很高／深情／心胸寬大／擁有好心腸

逆位	聖杯一	聖杯二	聖杯三	聖杯四
	因感受不到愛意而不安／匱乏感／孤獨感／沒自信／感覺有所不足	避免太偏激／維持平衡很重要／疑神疑鬼／讓自己保持平靜／溝通很重要	團體間的煩惱／擔心合不來／怕生／注重個體性／你感到很孤單嗎？	醒悟／情況好轉／希望浮現／想到好點子／變化時刻／不再煩惱
	聖杯五	**聖杯六**	**聖杯七**	**聖杯八**	**聖杯九**
	還有機會／請留意徵兆／試著改變方向／一切尚未結束	悔不當初／痛苦回憶／難忘的記憶／童年創傷／逃避現實／停滯不前	覺察真正的感受／覺醒／面對現實／不抱太大的期望／目標明確	避免原地踏步／難以釋懷的焦慮／請內觀反省／無法放下／思考自己想怎麼做	焦慮不安／你覺得不滿足嗎？／沒信心／需避免驕傲自大／小心浪費
	聖杯十	**聖杯侍者**	**聖杯騎士**	**聖杯王后**	**聖杯國王**
	不信任他人／對未來感到不安／家庭創傷／記得心存感恩／體貼他人	孩子氣／不成熟／請試著增長知識／愛撒嬌的人／請言出必行／想獨立	受到輕視／小心措辭／別優柔寡斷／請誠實發言／立定理想	太鑽牛角尖／內心封閉／個性內向／小心負面思考／可能不信任他人／請注重休息	太溫柔／沒餘裕／不信任他人／疑神疑鬼／態度模糊／沒自信

寶劍

正位	寶劍一	寶劍二	寶劍三	寶劍四
	不會意氣用事／內心強大／正確的決定／有智慧／判斷能力／頭腦清晰／正確的措辭	保持平衡／內觀冥想／均衡／別過度暴露感情／內在洞察／需看清事物	傷心／疲勞／遭遇創傷／承受壓力／悲傷記憶／不信任他人／請好好休息	伺機而動／休息片刻／充電期／恢復身體狀態／必須自我療癒／從過去的創傷中恢復

	寶劍五	寶劍六	寶劍七	寶劍八	寶劍九
	可能有點自私／貪慾／注意措辭與態度／計畫性／看看周遭情況	全新旅程／移動、搬遷／轉換方向的時刻／環境變化／新風格／新世界	戰略／討價還價／頭腦聰明／小心金錢話術／找藉口／觀望情況	無法行動／受到限制／思想局限／渴望解脫／控制慾很強的對象	惡夢／重大創傷／對未來感到不安／為妄想所苦／不信任他人／別過度承擔／鑽牛角尖

	寶劍十	寶劍侍者	寶劍騎士	寶劍王后	寶劍國王
	即將天明／疲勞／承受壓力／問題將解決／痛苦將結束	擅長收集情報／準備周全／不可大意行動／事前調查很重要／情況改變／善於周旋	速度感／勇敢、有判斷力的對象／有計畫的行動／突然發生／合理迅速／快速發展	深思熟慮的優秀女性／隱藏感情／敏銳的觀察力／正確的判斷／考慮對方的意見	冷靜賢明／懷抱信念／黑白分明／有判斷力／重理論／理性的／堅強意志

逆位	寶劍一	寶劍二	寶劍三	寶劍四
	注意措辭／決斷力不足／迷惘／請尋求建議／不善溝通	失去平衡／不信任他人／有點自私／渴望進展／說不出真心話／情緒不穩	慢慢恢復／東山再起／黎明將至／經驗將成為養分／痛苦結束／成長預兆	開始動作／付諸行動／重新出發／做好準備／復活／情況好轉

	寶劍五	寶劍六	寶劍七	寶劍八	寶劍九
	重新開始的機會／不信任人／請老實行動／守住信用／需聽取建議	迷惘／對變化感到不安／靜止不動／擔心害怕／無法接受新事物	可以重新來過／打消念頭／重新思考／誠實面對／找回信用／調整自己的言行	發現誤會／開始反抗／獲救／付出行動／得到自由／看見希望	看清現況／不再害怕／痛苦消失／心情變好／可看透未來／煩惱消失

	寶劍十	寶劍侍者	寶劍騎士	寶劍王后	寶劍國王
	看見希望／再次出發／情況改善／找到解決辦法／光明的未來／走出低谷	小心計畫失敗／小心誤會／猶豫／請跨出第一步／把握機會／做好準備	衝動魯莽／不怕死／重新擬定計畫／請三思後行／重視關懷／尋找突破口	精神不穩／疑神疑鬼／需要休息／無法做出正確判斷／小心措辭和態度	獨裁者／避免態度威壓／觀察四周／過於冷漠／請停下來思考

錢幣

正位	錢幣一 有形的財富／第一步／物質上的快樂／五感發達／戀情開始／努力有回報	錢幣二 取得平衡／妥善安排／合作愉快的對象／可以兼顧／調整中	錢幣三 發展成交往關係／慢慢縮短距離／合作／共同工作／認真面對／計畫成功	錢幣四 擁有／獨佔／堅決不放手／保守／務實／維持現狀／財產／富裕／保住自身地位
錢幣五 感到寸步難行／可靠的同伴／擔心收入／注重健康管理	錢幣六 平等／分配／互相幫忙／施與受／報償／對等的立場／供需平衡	錢幣七 沉思／煩惱工作／下一步行動／想要更多／不滿結果／重新審視計畫中	錢幣八 大器晚成／熱愛工作的對象／踏實努力／最後必能開花結果／堅持即是勝利／誠實的對象	錢幣九 富裕的女性／美好的環境／金龜婿／用餐邀約／得到信任／實力被認可
錢幣十 成功或反饋／兩情相悅、結婚／幸福生活／繼承／長久關係／家庭幸福繁榮／遺產／後代	錢幣侍者 腳踏實地／勤奮努力／實力提升／有潛力的對象／堅定的愛情／豐富的點子	錢幣騎士 務實認真的對象／追求穩定／耐心達成目標／努力／正確性比速度重要	錢幣王后 以結婚為前提的交往／賢妻良母／正式的夥伴／重視家庭的女性／具創造力／慈悲	錢幣國王 對象是經營者／財力／財富、地位、權力／出人頭地／務實穩健／有安全感的對象

逆位	錢幣一 離成功只差一步／匱乏不安／害怕失去／不完整／可能不滿足／擔憂金錢問題	錢幣二 起伏不定／不善溝通／無法應付而焦慮不安／不穩定／偏頗	錢幣三 避免獨來獨往／協調能力很重要／聽取建議／未完成／重視個體差異	錢幣四 太保守／佔有慾過強／慾望無窮／過度保護／擔心被奪走／金錢焦慮
錢幣五 重新出發的時機／請內觀自省／需要協助／你不孤單／黎明必定來臨／可能需要援助	錢幣六 可能太偏激／不平等／無法接受／缺乏公平性／不當收款／小心浪費	錢幣七 需展開具體行動／有始無終／半途而廢／需調整方向／善用才華／可以嘗試行動	錢幣八 專注很重要／簡單工作／需提升續航力／需學習技術／別著急／容易厭倦工作	錢幣九 避免奢侈／避免驕傲／請心存感恩／不安於現狀／有點勞累／請試著打開眼界
錢幣十 家庭問題／遺產問題／擔心經濟／小心浪費／不安於未來／商量很重要	錢幣侍者 不擅長談戀愛／經常幻想／幼稚的戀愛／想法偏激／頑固／請腳踏實地／請擴展眼界	錢幣騎士 不知變通／固執／保守／動作慢／渴望進展／過度防衛	錢幣王后 態度消極／明哲保身／不擅長家務／害怕失去／請拓展視野／可能太排外	錢幣國王 小心物慾／金錢並非一切／太偏重工作／注意破財／有點自私

後記

讀完本書後，你覺得如何呢？
你是以什麼樣的心情讀到最後的？

希望你能夠接觸各式各樣的牌，
體驗占卜的樂趣、溫情和神祕的魅力。

我剛開始接觸塔羅牌時什麼都不懂，
甚至不會接收牌卡的訊息。

但我每天都會與塔羅牌慢慢培養感情，
經過反覆練習、感受占卜的樂趣後，才成為現在的自己。

堅持這件事，說起來很簡單，
做起來卻很不容易，也很辛苦。

正因如此，我更希望你珍惜「自己的風格」。
請依循自己的步調，自由接觸塔羅牌。

你對塔羅牌的印象改變了嗎？
覺得很神奇？很好玩？愈來愈有趣？
還是說……

答案早已存在於你的心中。

 杏花栗子

杏花栗子　個人檔案

在YouTube分享解牌影片的占卜師。2020年11月在YouTube上傳第一支影片，訂閱數短短半年內就突破10萬人。除了塔羅占卜之外，使用神諭卡、雷諾曼卡的占卜也廣受好評。目前正從事各種活動，例如經營線上沙龍。希望占卜能成為大家的新概念工具，依照自己的步調享受占卜的樂趣。

- 喜歡的顏色→水藍色
- 常攜帶的物品→菊草葉、自製雷諾曼卡
- 喜歡的食物→可頌、壽喜燒、醋拌內臟
- 喜歡的地方→森林裡的瀑布或河川
- 喜歡的動物→狗、鬼蝠魟、喜馬拉雅小熊貓

最近很喜歡「Journey Cat」主題的雷諾曼卡！

◉杏花栗子的YouTube頻道

直覺式牌卡占卜YouTube頻道。幫你提升內在動力，每天依循自己的步調開心生活，為了實現願望而持續分享影片。總訂閱數已近25萬（2024年1月）。

◉杏花栗子官方交流平台「あんずまろんさろん」

每週更新會員專屬的占卜影片，會員可互相交流，每個人都能暢所欲言。會員會收到專屬心理顧問YU提供的建議，更深入了解杏花栗子的想法，貼近占卜或諮詢主題，但不會過度接觸靈性世界。

專屬心理顧問YU

◉杏花栗子的官方Twitter https://twitter.com/anzumaron_twit
◉杏花栗子的官方Instagram https://www.instagram.com/anzumaron_insta/

※書封的折口有各連結的QR Code。

▶ **staff**

Pablisher／松下大介
Editer in chief／笹岡政宏
Editer／小島あい
Editorial cooperation／右田桂子（株式会社スリーシーズン）
Design／谷 由紀恵
Writer／小林洋子（遊文社）、森田香子
Illustrator／内藤しな子
Character designer／堀越（Twitter@borigiela）

塔羅牌·神諭卡聯絡資訊

Ⓐ／ルナ・ファクトリー　https://lunafactory.co.jp/
Ⓑ／ライトワークス　https://light-works.jp/
Ⓒ／Blyth　https://www.blythedoll.com/
Ⓓ／ニチユー　https://www.nichiyu.net/

正向塔羅入門釋義
獻給厭世代的暖心指引書

出版	楓樹林出版事業有限公司
地址	新北市板橋區信義路 163 巷 3 號 10 樓
郵政劃撥	19907596　楓書坊文化出版社
網址	www.maplebook.com.tw
電話	02-2957-6096
傳真	02-2957-6435
作者	杏花栗子
翻譯	林芷柔
責任編輯	邱凱蓉
內文排版	楊亞容
港澳經銷	泛華發行代理有限公司
定價	400 元
初版日期	2024年3月

國家圖書館出版品預行編目資料

正向塔羅入門釋義：獻給厭世代的暖心指引書／
杏花栗子作；林芷柔譯. -- 初版. -- 新北市：楓樹
林出版事業有限公司, 2024.03　面；　公分

ISBN 978-626-7394-34-2（平裝）

1. 占卜

292.96　　　　　　　　　　　　　113000657